gutes leben

bene!

Margot Käßmann

Kostbare Zeit

Das Buch für Großeltern

Inhaltsverzeichnis

Für meine Enkelkinder

Einleitung

Was für ein Wunder – ein Enkelkind! Die Nachricht, Großeltern zu werden, ist tief berührend, ein Glücksmoment. Mit ihm ordnet sich dein Leben ein in die Abfolge der Generationen. Und offensichtlich gibt es ein Vertrauen in das Leben, das unsere Kinder weitertragen.

Inzwischen habe ich sieben Enkelkinder, vier Jungen und drei Mädchen. Ich spüre ein tiefes Glück, eine große Dankbarkeit dafür. Und kann im Alter über vieles neu staunen.

Die Welt mit Enkelkindern erleben zu dürfen, bringt noch einmal ganz andere Erfahrungen mit sich als bei den eigenen Kindern. Großeltern stehen nicht so unter Druck wie Eltern, die in der viel zitierten »Rushhour des Lebens« Familie und Beruf, vielleicht auch noch die Sorge um die eigenen Eltern und ein Ehrenamt vereinbaren müssen. Sie haben mehr Zeit, mehr Erfahrung und auch im guten Sinne mehr Distanz. Das liegt natürlich auch daran, dass sie nicht rund um die Uhr Verantwortung übernehmen. Sie sind es auch nicht, die bei Kinderkrankheiten Tag und Nacht gefordert sind. Gewiss, Sorgen um Kinder und Enkel treiben sie um. Aber Husten, Fieber und Albträume der Kinder halten sie nicht konkret nachts wach.

Mehr als zwanzig Millionen Menschen in Deutschland sind Großeltern – also jeder bzw. jede Vierte! Was das an Betreuungszeit, Wissen und ja auch finanziellen Zuwendungen bedeutet, kommt so gut wie gar nicht vor im öffentlichen Bewusstsein. Das ist mir zum ersten Mal deutlich geworden, als ich vor einigen Jahren in der Sendung *Planet Wissen* zum Thema »Großeltern heute – zwischen Enkeln und Ehrenamt?« eingeladen war. Der zweite Gast war Andreas Reidl, Gründer der Webseite *grosseltern.de*. Mir wurde klar: Großelternsein ist ein Thema, das viel zu wenig wahrgenommen wird! Es gibt Elternratgeber, Elternzeitschriften – aber was gibt es an Angeboten für Großeltern? Wo können sie sich austauschen, Anregungen holen?

Großeltern zu werden, ist keine Entscheidung, die wir selbst treffen. Es ist eine Überraschung, ein Geschenk, eine wunderbare Phase im Leben, die wir bewusst genießen, ja feiern sollten. Zeit, die wir mit den Enkeln verbringen, ist besonders kostbar, so erlebe ich es.

Gewiss bringt die Ankunft der nächsten Generation auch Konflikte mit den eigenen Kindern oder den Schwiegerkindern mit sich. Manches Mal würden Großeltern anders erziehen. Ich rate da zur Gelassenheit. Großeltern spielen ihre ganz eigene Rolle. Kinder können sehr wohl begreifen, dass bei Eltern manchmal andere Regeln gelten als bei Großeltern. Und natürlich sollte abgesprochen werden, was geht und was nicht. Denn die Großeltern stehen ja nicht in Konkurrenz zu den Eltern, sondern ergänzen sie.

Mit diesem Buch möchte ich von meiner eigenen Erfahrung her Anregungen geben, was Großeltern mit den Enkeln unternehmen, erleben, besprechen können. Altbewährtes und neues Erleben können zusammenkommen. Mir liegt daran, die Großelternzeit bewusst zu gestalten. Zunächst habe ich ein paar grundsätzliche Überlegungen vorangestellt. Dann folgt ein Weg durch den Jahreskreis. Es geht darum, etwas weiterzugeben von den Erinnerungen der Familie, von alten Traditionen und Ritualen. In unseren Tagen geht vieles verloren, was in früheren Zeiten das Jahr gegliedert hat: das Wissen um die Bedeutung der großen Feste, die Wegmarken des Zusammenlebens – Fastenzeit, Ostern, Erntedank, Advent und Weihnachten. Enkel hören gern Geschichten, das ist eine gute Basis, um die Familienerinnerungen zu tradieren. Und es geht darum, bewusst die eigene Rolle wahrzunehmen, dass Großeltern nicht erziehen, sondern einfach da sind. Am Ende schließen sich Kapitel zur Rolle der Kinder und der Alten in unserer Gesellschaft an.

Dieses Buch richtet sich mit seinen Überlegungen und Anregungen an Großeltern, deren Enkel in der Kita- oder Grundschulphase sind. Gerade in dieser Zeit können Großeltern prägend sein. Meine Großmutter war es für mich, meine Mutter war es für meine Töchter. In der Erinnerung können Großeltern eine sehr große Rolle für das Leben ihrer Enkel spielen. Viele Enkel realisieren das erst, wenn sie erwachsen und die Großeltern längst verstorben sind.

Wichtig ist auch, dass wir eine Art Resonanzboden für die Enkel bleiben, wenn sie älter werden, in die Pubertät kommen. Die Rolle der Großeltern ändert sich dann. Sie sind nicht mehr so sehr für Betreuung oder Beschäftigung gefragt, sondern als Gesprächspartnerin oder Gesprächspartner jenseits vom Elternhaus. Dann ist es gut, eine vertrauensvolle, verständnisvolle Person zu sein. Menschen, von denen die

Enkelkinder aus Erfahrung wissen, dass sie bedingungslos geliebt werden. Aber natürlich kommen dann auch ganz andere Unternehmungen in den Blick. Eine Freundin war mit ihrer Enkeltochter an einem Wochenende in London – großartig. Ich habe gerade zum ersten Mal erlebt, dass die älteren Enkel in den Schulferien eigenständig Zeit bei mir verbringen. Das kann noch einmal ein ganz neues, selbstständiges Erleben des Miteinanders werden.

»Der Alten Krone sind Kindeskinder«, heißt es in der Bibel. Freuen wir uns also an dieser Krone, die uns das Leben in seiner Schlussphase aufsetzt, und genießen wir diese so kostbare Zeit ganz bewusst.

Hannover im Mai 2023,

Margot Käßmann

Vom Glück, die übernächste Generation zu erleben

Als meine Mutter die Nachricht erhielt, dass sie Urgroßmutter wird, sagte sie sinngemäß, jetzt könne sie doch in Ruhe abtreten, das Leben sei damit rund. Als sie mit 91 Jahren starb, hatte jede ihrer drei Töchter tatsächlich schon ein Enkelkind.

Mir ging es ähnlich, als meine älteste Tochter Heiligabend 2011 am großen Esstisch der Familie die Nachricht verkündete, sie sei schwanger. Ich war viel stärker, ja zu Tränen gerührt, als ich mir das vorher hatte vorstellen können. Das erste wie jedes weitere Enkelkind habe ich als Wunder und auch als Segen empfunden. Aber ich war damals auch irgendwie überrascht. Noch ein Jahr zuvor, als ich unsere Wohnung in Hannover ausgeräumt hatte, habe ich überlegt, ob es überhaupt Sinn ergibt, Spielzeug oder Bilderbücher aufzuheben. So weit schien mir die Möglichkeit, Enkelkinder zu bekommen, noch entfernt. Aber dann ging es ganz schnell und war irgendwie stimmig: Das Leben geht weiter, über meine Generation und die meiner Kinder hinweg. Jetzt, im Altwerden, denke ich, dass nichts mein Leben so sehr geprägt hat wie meine Töchter. Und meine Enkelkinder legen eine Schippe Segen obendrauf. Nichts hat mein Leben auch so sehr bereichert, kein beruflicher Erfolg, keine Auszeichnung sind am Ende so bedeutend wie Kinder und Kindeskinder.

Ich verstehe, dass Menschen, die keine Enkelkinder haben, schwer nachvollziehen können, wie sehr diese die Großeltern erfreuen. Oder dass Menschen, die keine Kinder und somit auch keine Enkel haben, vielleicht verletzt sind, wenn andere vom Enkelglück erzählen. Aber warum sollten Großeltern diese Freude nicht ausdrücken dürfen? Immer wieder erlebe ich, wie schnell sich Großeltern verständigen – dieses wissende Zunicken, dieses Verstehen: »Ich weiß, wovon du sprichst!« Und es gibt Menschen, die keine Kinder und Enkel haben, aber gut ausdrücken können, worum es geht. Eine davon ist Bertha von Suttner, Friedensnobelpreisträgerin 1905. Sie schrieb: »Nicht unseren Vorvätern wollen wir trachten uns würdig zu zeigen – nein: Unseren Enkelkindern!« Es geht also für alle um Verantwortung gegenüber den kommenden Generationen. Gerade angesichts des Klimawandels ist das vielen bewusst.

Großeltern zu werden ist in der Tat ein Glück, aber auch ein Privileg. Beispielsweise erlebten im 16. und 17. Jahrhundert nur zehn Prozent der Menschen in Mitteleuropa überhaupt das Großelternalter.[1] Während der privilegierte Teil der Bevölkerung durchaus ein hohes Alter erreichen konnte, war das durchschnittliche Lebensalter der großen Mehrheit aufgrund von Armut, Mangelernährung, Krankheiten und unzureichender Gesundheitsversorgung sehr begrenzt. All das hatte eine hohe Kindersterblichkeit zur Folge. Auch die Müttersterblichkeit war hoch, sodass angenommen wird, dass Frauen damals im Durchschnitt nur zwischen 25 und 40 Jahre alt wurden. Genaue wissenschaftliche Fakten gibt es nicht – wer interessierte sich schon für das Leben einer Magd?

Erst im 16. Jahrhundert setzte sich überhaupt der Begriff »Großeltern« durch.[2] Interessant finde ich in diesem Zusammenhang die These der Geschichtswissenschaftlerin Juliane Haubold-Stolle: »Das Aufkommen der Verehrung der Heiligen Anna im Spätmittelalter lässt vermuten, dass Großmütter verstärkt wahrgenommen wurden.«[3] Anna ist in den kanonischen Evangelien gar nicht belegt. Schon ab dem 2. Jahrhundert taucht sie aber in apokryphen Schriften auf und wird nach und nach als Mutter von Maria, der Mutter Jesu, zur Heiligenfigur. Da ich evangelisch bin, hat mich die besondere Rolle der Anna lange Zeit irritiert. Denn Martin Luther lehnte Heiligenverehrung ab. Die Herausstellung einer Figur, die nicht biblisch belegt ist, finde ich immer schwierig.

Und doch wurden Anna und ihr Mann Joachim zu Heiligen. Von Anna gibt es zahlreiche Gemälde, vor allem »Annaselbdritt«, die Großmutter also gemeinsam mit Tochter Maria und Enkelsohn Jesus. Carvaggio hat das Motiv ebenso aufgegriffen wie Leonardo da Vinci. Ähnlich wie beim biblischen Josef wird Joachim – der Legende nach also der Großvater Jesu –, eher als alter Mann dargestellt, häufig mit einer Schriftrolle, da er Priester gewesen sein soll. Vielleicht wird ihm dieser Beruf zugeschrieben, um zu erklären, dass Jesus schon als Zwölfjähriger im Tempel mit Schriftgelehrten (Lk 2, 41 ff.) diskutiert. Wie sollte der Sohn eines Zimmermanns dazu kommen? Ist er Enkel eines Priesters, würde das die Szene erklären. So erhält Joachim in der Legende Rolle und Status.

Inzwischen kann ich mir vorstellen, dass jene Anna, um die sich zahlreiche Legenden bilden, gerade für die Christinnen die Leerstelle der Großmutter füllte. Denn in der Bibel, im Neuen Testament, habe ich nur eine einzige Großmutter gefunden, die explizit erwähnt wird: Lois. Im 2. Timotheusbrief heißt es (1,5): »Denn ich erinnere mich an den ungefärbten Glauben in dir, der zuvor schon gewohnt hat in deiner Großmutter Lois und in deiner Mutter Eunike; ich bin aber gewiss, auch in dir.« Das kleine Zitat, diesen Gruß finde ich sehr interessant. Denn er erzählt etwas davon, dass Großmütter den Glauben von Generation zu Generation weitergeben. Offenbar war das von Anbeginn des Christentums so, und ich nehme an, das gilt auch für andere Religionen. Gerade aus der Sowjetunion, in der Stalin und seine Nachfolger auf brutale Weise versuchten, den Menschen das Christentum auszutreiben, wird immer wieder erzählt, dass es die Großmütter waren, die den Glauben tradierten an die Enkelgeneration. Und das gilt gewiss auch für Großväter. Sehr schön erzählt das eine Geschichte von Rachel Naomi Remen.*Wenn ich an den Freitagnachmittagen nach der Schule zu meinem Großvater zu Besuch kam, dann war in der Küche seines Hauses bereits der Tisch zum Teetrinken gedeckt. Mein Großvater hatte seine eigene Art, Tee zu servieren. Es gab bei ihm keine Teetassen, Untertassen oder Schalen mit Zuckerstückchen oder Honig. Er füllte Teegläser direkt aus dem silbernen Samowar. Man musste zuerst einen Teelöffel in das Glas stellen, denn sonst hätte das dünne Glas springen können. Mein Großvater trank seinen Tee auch nicht so, wie es die Eltern meiner Freunde taten. Er nahm immer ein Stück Zucker zwischen die Zähne und trank dann den ungesüßten heißen Tee aus dem Glas. Und ich machte es wie er. Diese Art, Tee zu trinken, gefiel mir viel besser als die Art, auf die ich meinen Tee zu Hause trinken musste. Wenn wir unseren Tee ausgetrunken hatten, stellte mein Großvater stets zwei Kerzen auf den Tisch und zündete sie an. Dann wechselte er auf Hebräisch einige Worte mit Gott. Manchmal sprach er diese Worte laut aus, aber meist schloss er einfach die Augen und schwieg. Dann wusste ich, dass er in seinem Herzen mit Gott sprach.*

Wenn Großvater damit fertig war, mit Gott zu sprechen, dann wandte er sich mir zu und sagte: »Komm her, Neshumele.« Ich baute mich dann vor ihm auf, und er legte mir sanft die Hände auf den Scheitel. Dann begann er stets, Gott dafür zu danken, dass es mich gab und dass Er ihn zum Großvater gemacht hatte. Er sprach dann immer irgendwelche Dinge an, mit denen ich mich im Verlauf der Woche herumgeschlagen hatte, und erzählte Gott etwas Echtes über mich. Jede Woche wartete ich bereits darauf, zu erfahren, was es diesmal sein würde. Wenn ich während der Woche irgendetwas angestellt hatte, dann lobte er meine Ehrlichkeit, darüber die Wahrheit gesagt zu haben. Wenn mir etwas misslungen war, dann brachte er seine Anerkennung dafür zum Ausdruck, wie sehr ich mich bemüht hatte. Wenn ich auch nur kurze Zeit ohne das Licht meiner Nachttischlampe geschlafen hatte, dann pries er meine Tapferkeit, im Dunkeln zu schlafen. Und dann gab er mir seinen Segen und bat die Frauen aus ferner Vergangenheit, die ich aus seinen Geschichten kannte – Sara, Rahel, Rebekka und Lea –, auf mich aufzupassen.

Diese kurzen Momente waren in meiner ganzen Woche die einzige Zeit, in der ich mich völlig sicher und in Frieden fühlte. In meiner Familie von Ärzten und Krankenschwestern rang man unablässig darum, noch mehr zu lernen und noch mehr zu sein. Da gab es offenbar immer noch etwas mehr, das man wissen musste. Es war nie genug. Wenn ich nach einer Klassenarbeit mit einem Ergebnis von 98 von 100 Punkten nach Hause kam, dann fragte mein Vater: »Und was ist mit den restlichen zwei Punkten?« Während meiner gesamten Kindheit rannte ich unablässig diesen zwei Punkten hinterher. Aber mein Großvater scherte sich nicht um solche Dinge. Für ihn war mein Dasein allein schon genug. Und wenn ich bei ihm war, dann wusste ich irgendwie mit absoluter Sicherheit, dass er recht hatte.

Mein Großvater starb, als ich sieben Jahre alt war. Ich hatte bis dahin nie in einer Welt gelebt, in der es ihn nicht gab, und es war schwer für mich, ohne ihn zu leben. Er hatte mich auf eine Weise angesehen, wie es sonst niemand tat, und er hatte mich bei einem ganz besonderen Namen genannt – »Neshumele«, was »geliebte kleine Seele« bedeutet. Jetzt war niemand mehr da, der mich so nannte. Zuerst hatte ich Angst, dass ich, wenn er mich nicht mehr sehen und Gott erzählen würde, wer ich war, einfach verschwinden würde. Aber mit der Zeit begann ich zu begreifen, dass ich auf irgendeine geheimnisvolle Weise gelernt hatte, mich durch seine Augen zu sehen. Und dass einmal gesegnet worden zu sein heißt, für immer gesegnet zu sein.[4]

Ich habe diese Geschichte manches Mal vorgelesen. Und immer waren alle, auch ich selbst, gerührt. Das liegt gewiss daran, dass auf so wunderbare Weise die Rolle des Großvaters beschrieben wird. Er macht keinen Druck, die kleine Enkelin muss keine Erwartungen erfüllen. Für ihn ist sie schlicht ein Segen. Und er segnet sie. Das Kind fühlt sich vollkommen angenommen und geliebt, ganz gleich, welche Noten es hat, welche Punkte es erreicht. Für den Großvater ist sie ein Geschenk Gottes, völlig unabhängig davon, ob sie irgendeine Leistung erbringt, irgendein Soll erfüllt. Sie fühlt sich durch die religiöse Tradition des Großvaters auch hineingenommen in die Erzählungen des jüdischen Glaubens, in die Reihe der großen biblischen Frauengestalten, in die Rituale. Der Großvater spricht ganz vertraut mit Gott. Und das Kind erlebt eine Gottesbeziehung der Gnade: Gott sieht, wer sie wirklich ist, ganz gleich, was andere in ihr sehen. In dieser Geschichte ist eine Großeltern-Enkel-Beziehung auf sehr sensible, anrührende Weise, ja geradezu zärtlich beschrieben.

Die Weitergabe des Glaubens wird in der Bibel an einer Stelle als Anliegen des Großvaters beschrieben, und zwar im Buch Tobit (14,1 ff.): Am Sterbebett holt Tobias seinen Sohn und die sieben Enkel zusammen. Tobias bittet seinen Sohn, die Enkel fromm und gottesfürchtig zu erziehen. Und im ersten Timotheusbrief, der viele Regeln für das Zusammenleben im christlichen Haushalt weitergibt, heißt es: »Wenn aber eine Witwe Kinder oder Enkel hat, so sollen diese lernen, zuerst im eigenen Hause fromm zu leben …«. Warum das nur bei Witwen der Fall ist, erschließt sich mir nicht.

Werden also im 16./17. Jahrhundert die Großeltern überhaupt in einer eigenen Rolle entdeckt, rückt im 19. Jahrhundert ein neues Ideal der Großmutter in den Vordergrund, gefühlsbetont und fürsorglich. Juliane Haubold-Stolle beschreibt das in ihrer Studie so: »Die weißhaarige Oma, auf dem Kopf eine Haube oder ein Kopftuch, eine Brille auf der Nase, die ihre Enkelkinder auf dem Schoß hält und ihnen erzählt oder vorliest.«[5] Zeitgleich entstehen damals Märchen wie das von Rotkäppchen, das die kranke und gebrechliche Großmutter besucht. Es entwickeln sich viele Geschichten rund um Großmütter und Großväter. Dargestellt werden romantisierende Bilder von alten Großmütterchen auch in der Dichtung. Ein Beispiel von Julius Sturm:

Bei der Großmutter

Wie traulich ist's im stillen Zimmer,
Die Uhr tickt heimlich auf dem Schrank,
Um Blumen spielt der Sonne Schimmer,
Und Tisch und Bank sind spiegelblank.

Im weichen Lehnstuhl sitzt das alte,
Schier achtzigjährige Mütterlein,
Auf welker Stirne Falt' an Falte,
Doch in den Augen Sonnenschein!

Vertraulich schmiegt sich ihrem Schoße
Ein blühend Kinderpärchen an,
Dem sie das Bilderbuch, das große,
Auf vieles Bitten aufgetan.

Nun blühen Märchen aus dem Munde,
Wie Rosen aus dem Dorn erblüh'n,
Die Kleinen lauschen still der Kunde,
Und ihre vollen Wangen glüh'n.

's ist nur ein Bild, doch füllt es immer
Die Augen mir mit Tränentau,
Mir ist, als kennt ich dieses Zimmer,
Die Kinder und die alte Frau.[6]

Das Bild ist nach unserem Empfinden kitschig. Es entspricht nicht unserer Zeit, in der viele Großmütter keine Mütterchen im Lehnstuhl, sondern sportlich und agil sind, Jeans und

Sneaker tragen. Aber es zeigt, wie das Großmuttersein zunehmend Bedeutung mit sich brachte. Das »blühend Kinderpärchen« freut sich so sehr über das Vorlesen der Märchen, dass ihnen die Wangen glühen. Die Kinder sind glücklich und die Großeltern auch. Es vermittelt sich ein entspanntes Gefühl, eine Anmutung von ruhiger Geborgenheit. Und der fiktive Beobachter ist gerührt von dieser Beziehung. Darum geht es, denke ich: um eine Beziehung über Generationen hinweg, die voller Vertrauen daherkommt.

Besonders schön kommt das in einem der weltweit wohl bekanntesten Kinderbücher zum Ausdruck: *Heidis Lehr- und Wanderjahre*. Johanna Spyri beschreibt in dem 1880 erschienen Buch, wie die zur Waise gewordene Heidi von ihrer Tante zum einsiedlerischen, ja grimmigen Großvater in seine Hütte auf der Alp gebracht wird. Die Tante weiß nicht, wohin mit dem Kind. Es ist eltern- und heimatlos. Der ruppige Alpöhi kümmert sich zunächst widerwillig um das Mädchen. Nach und nach aber fängt er an, sich an ihr zu freuen. Der Alte lebt geradezu auf angesichts der Unbefangenheit und Spontaneität des Kindes, freut sich an dessen Begeisterung über die Natur. Heidi lernt auch die Großmutter von ihrem Freund, dem Geissenpeter kennen. Sie ist erblindet, und die Kinder sind für sie wie Licht in ihrer dunklen Welt. Ohne auf die Details des Romans einzugehen: Hier entspinnt sich zwischen der Großeltern- und der Enkelgeneration eine liebevolle und alle gemeinsam bereichernde Beziehung über die Elterngeneration hinweg. Die Toleranz beider Seiten, die Freude aneinander sind anrührend geschildert. Kein Wunder, dass das Buch weltbekannt ist, von der Türkei bis Japan, und heute sogar in Computertrickfilmen vermarktet wird.

Sehen wir also, dass im Mittelalter die Großeltern Bedeutung gewinnen, sie im 19. und 20. Jahrhundert stilisiert werden, verändert sich der Blick auf sie im 21. Jahrhundert erneut. Heute geht es nicht darum, dass Frauen allzu früh sterben, um überhaupt Großmutter zu werden. Vielmehr bringen Frauen in Deutschland immer später im Leben Kinder zur Welt. Die Wahrscheinlichkeit dann noch als relativ »fitte« Großeltern die Enkel zu erleben, sinkt auf andere Weise als im 16. Jahrhundert, als die geringe Lebenserwartung ausschlaggebend war. Ist die Mutter bei der Geburt 42 und war es die Großmutter auch, ist Letztere 84 bei der Geburt des Enkelkindes und hat meist nicht mehr die Kraft, intensiv präsent zu sein.

Gleichzeitig ist inzwischen die Mehrheit der Frauen in unserem Land berufstätig. So können sie, falls sie früh Großmutter werden – ebenso wie berufstätige Großväter –, nicht allzu viele Großelternpflichten übernehmen, solange sie das Rentenalter noch nicht erreicht haben. Die Rollenzuschreibung funktioniert nicht mehr. Und auch das hat sich verändert: Viele Familien wohnen nicht mehr am selben Ort, sondern sind durch Mobilität und berufliche Herausforderungen »multilokale Großfamilien«. Das erschwert regelmäßigen Kontakt zwischen den Generationen.

In unserer Zeit ist es somit schwieriger geworden, als Großeltern für Enkelkinder präsent zu sein. Und doch ist erwiesen: Die Beziehungen zwischen Großeltern, Eltern und Kindern waren vermutlich zu keiner Zeit so vielfältig, ja vielleicht auch noch nie so intensiv wie heute. Viele Großeltern leben ein eigenständiges Leben. Aber die Liebe zu den Enkelkindern, der Wunsch, kostbare Zeit mit ihnen zu verbringen, ist bei allen, die ich kenne, sehr präsent. Da geht es nicht mehr um das Weitergeben von Hof und Gut, um einen »Stammhalter«, sondern es ist eine neue Freiheit entstanden, sich schlicht an den Kindern und deren Nachkommen zu freuen.

Viele warten aber auch vergeblich auf Enkelkinder. Die selbst ernannte »Letzte Generation« etwa erklärt, sie wolle keine Kinder bekommen, da die Welt ja ohnehin untergehe. Das erinnert mich an die Erzählungen meiner Großmutter, der im letzten Jahrhundert erklärt wurde, sie könne doch nach den Ersten Weltkrieg keine Kinder in die Welt »setzen«. Meine Mutter hat diese Argumente nach dem Zweiten Weltkrieg ebenfalls gehört. Mir selbst wurde das in den 80er-Jahren angesichts der atomaren Bedrohung gesagt. Kinder aber sind doch immer ein Zeichen der Hoffnung, dass wir diese Erde bewahren können und wollen – um ihretwillen! Martin Luther wird der Satz zugeschrieben: »Wenn du ein Kind siehst, hast du Gott auf frischer Tat ertappt.« Ein wunderbarer Blick auf Kinder, der auch etwas davon vermittelt, dass ein *Ja* zum Kind etwas mit Gottvertrauen zu tun hat.

Und doch sollte der Wunsch nach Enkeln nicht zu einer Art Kampfplatz werden. So hat in Indien allen Ernstes ein Ehepaar Sohn und Schwiegertochter verklagt, weil beide nach sechs Jahren Ehe noch immer kein Kind bekommen haben. Das Ausbleiben des Enkelkindes sei eine »seelische Grausamkeit«.[7] Sollte nicht binnen eines Jahres ein Enkelkind zur Welt kommen, verlangen sie 50 Millionen Rupien Schadensersatz (ca. 600 000 Euro), denn sonst habe das Paar niemanden, der sich um sie kümmere, und der Familienname würde nicht weitergegeben. Ich finde, das ist eine durch und durch traurige Geschichte. Vor allem scheint es den Klagenden gar nicht um ihre Kinder und Enkel zu gehen, sondern um sich selbst, den eigenen Ruf, den Familiennamen, die Versorgung im Alter. Die Geschichte ist gewiss extrem, zeigt jedoch, welchen Druck manche jungen Paare spüren. Wenn sich ein Paar ein Kind wünscht, ist das wunderbar. Aber erzwingen kann und sollte das niemand wollen. Jeder Druck ist da absolut unangebracht. Ich kann mir vorstellen, dass das junge indische Paar, sollte es doch noch ein Kind bekommen, keinen Kontakt zu den Großeltern möglich macht, nachdem diese sie öffentlich derart bloßgestellt haben. Vielleicht gibt es ja auch einen Kinderwunsch, der sich aber einfach nicht erfüllt. Viele Paare leiden darunter. Es ist eben auch im 21. Jahrhundert nicht alles einfach »machbar«. Und selbst wenn das Paar bewusst entscheidet, keine oder jetzt noch keine Kinder zu bekommen, haben die Eltern das schlicht und einfach zu akzeptieren.

Mich irritiert parallel dazu, dass viele das Rollenbild »Oma« oder »Opa« als negativ empfinden. »Dann bin ich alt, auf dem Abstellgleis«, meinte eine Freundin. Das ist ein Rollenbild, das ich selbst so überhaupt nicht empfinde. Warum nur ist Altwerden derart negativ konnotiert in unserer Gesellschaft? In anderen Regionen der Welt werden alte Menschen gewürdigt, respektiert, mit Ehrentiteln versehen. In unserem Land gibt es weiterhin Jugendwahn. Alle wollen alt werden, aber niemand will alt aussehen. Falten erscheinen wie eine Disqualifikation. Dabei verurteile ich niemanden, der oder die sich etwas verjüngen lässt. Aber ich plädiere dafür, dem Alter seine Bedeutung zurückzugeben. Wer alt wird, ist in der Regel auch gelassener, ruhiger, weniger bedrängt davon, sich und anderen etwas beweisen zu wollen.

Doch ich habe selbst erlebt, dass ein Mann von den Enkeln keinesfalls »Opa« genannt werden wollte. Das war ihm unangenehm, sie sollten ihn beim Vornamen nennen. Bei Eltern kommt das ja auch vor, sie wollen beim Vornamen genannt werden, wohl um die Generationendifferenz auszublenden. Oder die Kinder fangen an – vielleicht aus Provokation – auf einmal nicht mehr Mama und Papa, sondern Susanne und Ulrich zu sagen. Die Reaktion einer Mutter darauf fand ich sehr überzeugend: »Es gibt nur zwei Menschen auf der Welt, die mich Mama nennen können. Und ich wünsche mir, dass diese beiden es auch tun.«

Jungsein ist angesagt, Altsein hat einen enorm negativen Klang. Gleichzeitig wissen wir, dass Menschen über sechzig noch nie so fit waren wie in unserer Zeit und Weltregion. Die Lebenserwartung ist deutlich gestiegen. Insofern gibt es auch neue Rollenmuster. So sind Frauen heute nicht mehr ganz auf Haushalt und Familie beschränkt. Auch damit ändern sich die Bilder. Ich kann Juliane Haubold-Stolle nur beipflichten, wenn sie schreibt: »Großmutter-Sein ist für die Frauen von heute nicht mehr der einzige Lebensinhalt der zweiten Lebenshälfte, als der er im 19. Jahrhundert ›erfunden‹ wurde. Es wird vor allem als Bereicherung des eigenen Lebens erfahren, als ›Kür‹ nach den Pflichten und Kämpfen des Mutter-Seins, als Ausweitung der eigenen sozialen Aktivitäten.«[8]

Ja, dem Begriff »Kür« kann ich zustimmen. Mit der Distanz der Großmutter erlebe ich staunend, wie unterschiedlich Kinder sind, und zwar von Geburt an. Meine Enkelkinder haben alle eine verschiedene Statur und Haarfarbe, unterschiedliche Begabungen und Vorlieben. Ganz bewusst nehme ich wahr, wie sie sich entwickeln. Vom hilflosen Säugling zum ersten Lächeln, das Krabbeln, Stehen, Laufen. Die Sprachentwicklung ist faszinierend. Da habe ich einen Zweijährigen drei Wochen nicht gesehen, und sein Wortschatz scheint geradezu explodiert zu sein. Für mich ist das immer wieder ein Wunder.

Als Mutter habe ich meine vier Töchter natürlich auch als wunderbar empfunden. Aber manchmal habe ich den Eindruck, als Großmutter sehe ich diese Entwicklungen viel bewusster. Etwa das entschlossene Behaupten einer Sechsjährigen, die Mutter sei nach Stuttgart gefahren, obwohl das definitiv nicht stimmt. Sie lässt sich durch kein Gegenargument erschüttern. Was für ein Selbstbewusstsein, denke ich! Anderes Beispiel: Als der jüngste meiner Enkel zwei wurde, dachte ich, da bin ich mal gespannt, wie das mit dem Sprechen wird. Er war so energisch bemüht, sich ausdrücken zu können, aber irgendwie gelang es nur schwer. Dann war faszinierend, zu erleben, wie er in kürzester Zeit erst Zwei-, dann Dreiwortsätze gebildet hat. Ich erlebe, wie er ringt um Worte und wie sein Selbstbewusstsein mit jedem Gelingen wächst. Da sage ich: »Du kommst ja bald in den Kindergarten.« Und er erwidert glockenklar: »Ja, im Februar.« Da kann ich nur staunen. Boah, er hat offenbar sogar schon ein Gefühl für die Zeit. Wie kann nur so viel in so einem kurzen Zeitraum entwickelt werden! Nie wieder lernt der Mensch so viel so schnell wie in den ersten drei Lebensjahren.
Ähnlich ergeht es mir mit meiner ältesten Enkeltochter. Sie geht auf ein zweisprachiges Gymnasium, deutsch-französisch. Auf einmal erschließen sich neue Welten für sie. Sie

wirft locker mal einen Satz auf Französisch in den Raum, will einen Schüleraustausch mitmachen. Mit elf Jahren – ich staune! Meine älteste Tochter meinte, der Übergang in die fünfte Klasse sei fast wie das Ende der Kindheit. Das hat mich irgendwie auch traurig gestimmt. Wie schnell ist diese Phase der Begeisterung, der Unbefangenheit vorbei …

Wenn ich aber an meine eigene Kindheit zurückdenke, trifft das durchaus auch zu. Sie fühlte sich in dem an sich gar nicht so idyllischen Stadtallendorf behütet an. Ich habe mich zugehörig gefühlt, kannte die Menschen rundherum. Als ich mit der fünften Klasse jeden Morgen um 7:07 Uhr mit dem Zug nach Marburg fahren musste, hat sich das heftig geändert. Druck, Zeitdruck, funktionieren, den Zug erreichen, zu spät kommen, das erklären müssen. In Marburg hatte ich keine Freundinnen, weil ich nachmittags ja nicht dort war. Und auch irgendwann nahezu keine mehr in Stadtallendorf, weil ich ja kaum noch präsent sein konnte. Aber der Besuch der Schule in Marburg bedeutete auch eine enorme Horizonterweiterung, die mich angespornt, inspiriert, gefördert hat. Insofern kann ich nachvollziehen, was meine älteste Enkeltochter gerade erlebt, und wir können darüber reden.

Für mich ist es eine Bereicherung, eine Freude, diese Kinder aufwachsen sehen zu dürfen. Ich bin dafür sehr, sehr dankbar. Und ich erlebe, wie ich für sie eine besondere Rolle spiele: Ich bin »die Omi«. Die Enkelkinder entwickeln Vertrauen und eigene Rituale mit mir. Wenn du ein Kind aus der Kita abholst, und es rennt auf dich zu, springt dir in den Arm und ruft: »Omi!« – was kann es Schöneres geben? Es ist ein großes

Glück für mich, zu erleben, wie sie sich freuen, wenn ich komme. Und ich freue mich, wenn ich sie sehen darf und kann. Zu meinem 65. Geburtstag waren wir alle zusammen an der Ostsee: mein Partner, meine vier Töchter und die vier Schwiegersöhne sowie die sieben Enkelkinder. Die Enkelkinder haben so vertraut miteinander kommuniziert und gespielt, sie kennen sich einfach gut. Für mich war das ein Wochenende voller Dankbarkeit und Glück. Ich empfinde es, wie gesagt, als Segen, das erleben zu dürfen.

Inzwischen merke ich, dass ich als Großmutter eine ähnliche Rolle übernehme wie damals meine Omi für mich und meine Mutter für meine Kinder. Meine Omi wusste immer Bescheid, was in der Familie an den verschiedensten Stellen gerade los war. Sie telefonierte gern und viel und konnte dann erzählen, was sich in der weit verstreuten Verwandtschaft gerade so abspielte. Eine meiner Cousinen war nach Südafrika ausgewandert und hatte neun Kinder. Der jüngste Bruder meiner Mutter ging nach Kanada und hatte drei Kinder. Wir anderen haben zeitweilig den Überblick verloren, wer wo was erlebte. Aber meine Großmutter wusste Bescheid und erzählte gern, was gerade aktuell war. Es war, als würde sie aus den verschiedenen Leben ein Muster stricken.

Als meine Großmutter starb, sind auch manche Verbindungen »eingeschlafen«. Schlicht, weil wir es nicht geschafft haben, sie alle aufrechtzuerhalten. Der Austausch fand später nur noch zwischen Einzelnen oder sporadisch statt.

Bei meiner Mutter habe ich das ähnlich erlebt. Sie telefonierte im Alter ebenfalls viel und gern und hat den Austausch mit ihren zehn Enkelkindern genossen. Als sie noch jünger war, kam sie mit ihrem kleinen Auto zu meinen Schwestern und mir und hat uns entlastet, wenn wir Unterstützung brauchten. Beispielsweise, wenn unsere Kinder krank waren oder wir aus beruflichen Gründen nicht zu Hause sein konnten. Später fuhren unsere Kinder gern zu ihr in ihr Häuschen. Sie hat die Enkel nicht bespaßt in dem Sinne, dass sie mit ihnen viel gespielt hätte. Aber sie hat ihnen einen Ort geboten, an dem sie sich treffen konnten, Spaß miteinander hatten. Sie hat die Kinder mit Essen versorgt, in ihrem Garten Freiraum ermöglicht. Ihren Garten hat sie so gestaltet, dass die Enkelkinder Schaukel, Sandkasten und Spielfläche zur Verfügung hatten. Im Haus hat sie Doppelstockbetten aufgebaut, damit alle einen Schlafplatz hatten. Und die Kinder durften so manches, was zu Hause nicht erlaubt war. In meinem Fall durften meine Töchter die *Baywatch*-Serie im Fernsehen gucken. Diese Serie mit Pamela Anderson in einer der Hauptrollen war aus meiner Sicht ziemlich sinnentleert. Es ging vor allem um vollbusige Frauen in knappen Badeanzügen und athletische Männer, die am Strand im Rettungseinsatz sind. Ich fand das sexistisch. Meine Mädels fanden es toll. Gut, es war bei Großmutter erlaubt, bei Mama eben nicht. Und genau das ist die richtige Balance, denke ich.

Inzwischen erlebe ich das selbst so ähnlich. In meiner Wohnung in Hannover habe ich ein Tischchen mit Kinderstühlen angeschafft. Es gibt eine Grundausstattung mit Lego, Malbüchern und Kinderbüchern. Im Familienferienhaus auf Usedom gibt es Kinderbetten, Kinderstühle, Spielsachen und Bücher – weil ich mich freue, dass die Enkelkinder das Haus als Ort erleben, an dem sie sich beheimaten, an den sie sich erinnern. Einen Ort, an den sie hoffentlich später auch als Jugendliche und Erwachsene gerne weiterhin kommen werden. Insofern kopiere ich offensichtlich ein wenig, was meine Mutter vorgelebt hat.

Ich zeige den Enkeln gern ein Foto oder ein Video von den anderen. Erzähle, wer gerade was macht, richte Grüße aus, nehme Spielzeug mit hin und her, damit es ausgetauscht und intensiv genutzt werden kann. In der Coronazeit habe ich per Skype allen gemeinsam vorgelesen. So knüpfen Großeltern auch heute Verbindungen zwischen den Enkeln.

Meine Erfahrung ist mit dem Älterwerden der Enkel auch: Sie telefonieren gerne mit mir. Die Jüngeren kennen die Zahl, mit der sie vom Festnetz aus Omi direkt erreichen. Die Älteren können es vom Handy aus – das natürlich in den Funktionen stark eingeschränkt ist. Und sie telefonieren lange. Da bin ich froh, Zeit zu haben – wie meine Mutter ;-).

Gewiss, die Bilder haben sich verändert. In der Verfilmung des Romans von Mariana Leky, *Was man von hier aus sehen kann,* spielt Corinna Harfouch die wunderbar schrullige Großmutter Selma. Die Geschichte ist skurril. Besonders bewegend ist die Beziehung von Selma zur Enkeltochter Luise, gespielt von Luna Wedler. Selma betüdelt Luise nicht, sie lässt sie sein. Am Ende stirbt die Großmutter in aller Ruhe in den Armen der Enkeltochter. Mit Selma finden wir eine Großmutter des 21. Jahrhunderts, denke ich. Sie wirkt gar nicht alt und gebrechlich. Sie lebt ein eigenständiges Leben in einer Umgebung, die sie selbst gewählt hat. Und wenn sie Lust darauf hat, dann legt sie sich einfach auf den Boden und schaut in den Himmel.

Und falls Sie gern Filme schauen: *Der Junge muss an die frische Luft*, von Caroline Link nach den Kindheitserinnerungen von Hape Kerkeling 2018 in die Kinos gebracht, ist eine Hommage an Großeltern. Der pummelige Hans-Peter versucht im Ruhrpott gute Laune zu verbreiten, vor allem, weil die Mutter unter Depressionen leidet. Die vier Großeltern kümmern sich liebevoll um das Kind. Die eine Oma sagt ihm kurz vorm Sterben: »Du weißt, dass ich bald sterbe. Aber ich pass immer auf dich auf!« »Wie denn?«, fragt Hans-Peter. »Wirst du schon sehen!«, erwidert die Oma. Der Opa schließlich bringt den Jungen an die frische Luft, verbringt Zeit mit ihm und sagt: »Du bist nicht allein. Der Opa ist immer für dich da!« Die andere Oma verlässt ihren Mann – mit dessen Einverständnis – und ihr schönes Haus mit Garten, um sich nach dem Tod der Mutter um das Kind zu kümmern. Da vermitteln die Großeltern dem Enkelkind eine Lebenszuversicht, die bewegend ist, ja, ihm wahrscheinlich die Seele rettet.

Alles andere als einfach …

Mir ist bewusst, dass ich in diesem Buch an vielen Stellen einen Idealzustand im Miteinander der Generationen beschreibe. Dabei ist mir klar, dass in unserer Gesellschaft der Alltag für Familien und Kinder oftmals alles andere als rosig ist. Jedes fünfte Kind in Deutschland wächst in Armut auf. An den Essensausgaben der Tafeln stehen Mütter mit Kindern an, deren Einkommen nicht für den Einkauf im Lebensmittelladen reicht. Familien mit vielen Kindern finden keinen angemessen großen und dann noch bezahlbaren Wohnraum. Alleinerziehende wissen nicht, wie sie über die Runden kommen sollen, die Betreuung der Kinder ist nicht wirklich gesichert. Eine Förderung von Familien mit vielen Kindern ist nur im Ansatz politisch verwirklicht. Eine Ermutigung, Familien zu gründen, sieht anders aus! Für mich ist das ein Skandal in einem reichen Land wie Deutschland. Es müsste doch alles investiert werden, damit Kinder sicher, geborgen und gut versorgt aufwachsen!

Auch in Deutschland gibt es immer mehr Singlehaushalte. Und immer weniger Familien mit mehreren Kindern. Bindekräfte lassen nach, und Kinder werden oft als Belastung gesehen. Aber was bedeutet das für eine Gesellschaft? Gerade in der Familie wird doch Sozialverhalten gelernt!

In China, um ein Extrembeispiel zu nennen, gab es lange Zeit eine rigide »Einkindpolitik«, um das Bevölkerungswachstum einzudämmen. Heute ist in China Nachwuchs gewünscht. Aber inzwischen wird es als Normalität empfunden, nur ein Kind zu haben. Viele junge Leute in China sehen es offenbar auch nicht mehr als sinnvoll an, überhaupt ein Kind zu bekommen. Um nun anzuregen, mehr Kinder zu bekommen, werden auch Mütter unterstützt, die unverheiratet ein Kind zur Welt bringen. Das wiederum empört konservative Kreise in China. So zeigt sich, wie sehr der Kinderwunsch manches Mal gelenkt wird oder vom Umfeld abhängig ist.

Auch in unserem Land war es lange Zeit ein Makel, ja fast nicht möglich, als Frau unverheiratet ein Kind zu bekommen und auch alleine großziehen zu können. Leider hat auch die Kirche dabei eine belastende Rolle gespielt. Die kürzlich verstorbene Politikerin Antje Vollmer hatte Theologie studiert, ihr Vikariat absolviert, wurde ordiniert. Als sie kurz nach der Ordination schwanger wurde, ohne verheiratet zu sein, wurde sie von den zuständigen Oberkirchenräten vorgeladen. Man drängte sie, ihre Ordinationsrechte zurückzugeben, sie gab nach. Bei einem Abendessen erzählte sie mir, sie sei erhobenen Hauptes aus dem Gespräch gegangen und habe den Herren gesagt, an diesen Termin würden sie noch zurückdenken. Antje Vollmer hat ihren Sohn allein großgezogen. Sie hat eine beeindruckende Karriere als Publizistin und Politikerin gemacht, war eine anerkannte Stimme in unserem Land. Aber unsere Kirche hat an ihr eine großartige Pastorin verloren.

Als vor einigen Jahren gefragt wurde, warum Eltern ihre Kinder nicht taufen lassen, zeigte sich, dass gerade alleinerziehende Mütter eine Hemmschwelle hatten. Nicht, weil die Kirche sie heute noch verurteilen würde. Aber weil tief im

Unterbewussten der Eindruck bleibt, sie seien nicht willkommen. Das hängt natürlich an einer langfristig belastenden, rigiden Sexualmoral. Nach einer Lesung in der Eifel erzählte mir eine ältere Frau, als der Pfarrer herausgefunden habe, dass sie schwanger war, habe sie in Schwarz vor den Traualtar treten müssen. Das weiße Kleid sei »unschuldigen« Jungfrauen vorbehalten. Diese Demütigung hat sie ihrer Kirche nie verziehen. Inzwischen habe ich erfahren, dass das vielerorts Praxis war. Freude über neugeborene Kinder hat die Kirche so nicht vermittelt.

Alleinerziehende haben es bis heute in unserem Land sehr schwer! Und mir wird immer wieder deutlich, dass Kinder keine Lobby haben in unserem Land. Es ist doch ein Skandal, der aber offenbar niemanden interessiert, wenn Anfang 2023 erklärt wird, es fehlten 100 000 Erzieherinnen und Erzieher, im aktuellen Schuljahr laut dem Deutschen Lehrerverband zudem bis zu 40 000 Lehrerinnen und Lehrer! Wie kann das sein? Wenn 800 000 Kinder in Deutschland geboren werden, kommen die in sechs Jahren zur Schule. Da ist ja wohl Zeit genug, entsprechend auszubilden.

Es ist keine Rechtfertigung, dass niemand mit Tausenden Geflüchteten aus der Ukraine rechnen konnte. Ein stabiles Kita- und Schulsystem würde das auffangen. Aber die Kitas können ihre Betreuungsschlüssel nicht erfüllen. Gruppen werden vergrößert, Betreuungszeiten gekürzt. Viele Mitarbeitenden sind absolut am Limit. Das alles geht auf Kosten der Kinder. Und wo keine Großeltern verfügbar sind, die all den Druck abfedern helfen, wissen junge Familien oft nicht ein noch aus.

Unsere Schulen im Land sind marode, die digitale Ausstattung ist vielerorts ein Witz. Unterricht fällt aus. Förderangebote werden gestrichen, Stunden gekürzt, Lerngruppen ständig vergrößert. Wir lassen zu, dass jedes fünfte Kind am Ende der vierten Klasse nicht richtig lesen und rechnen kann. Gar jeder dritte Grundschüler scheitert an der Rechtschreibung. Achselzuckend nehmen wir hin, dass im vergangenen Jahr fast 50 000 junge Leute keinen Schulabschluss geschafft haben.

Das ganze Gerede über Chancengleichheit wird ad absurdum geführt, weil soziale Herkunft und Bildungsabschluss in unserem Land eng zusammenhängen. Ein Kind aus einer Arbeiterfamilie macht fast nie Abitur, weil ihm die Chancen fehlen. Wo ist die »Bildungsrepublik Deutschland«, von der Kanzlerin Merkel 2008 gesprochen hat? All die noblen Sprüchen über Kinder, die angeblich so wertvoll sind, bleiben hohles Gerede, wenn keine Taten folgen. Die Realität ist: Kinder haben keine Lobby in unserem Land. Die Politik interessiert sich nicht wirklich für sie. Bund und Länder schieben die Verantwortung hin und her. Da versagt der Staat. An vielen Punkten springen Großeltern stillschweigend, gern und engagiert ein. Aber wir sollten auch im gesellschaftlichen Diskurs präsent sein und unsere Stimme in aller Freiheit für die Kinder erheben!

Auch an dieser Stelle können sich Großeltern engagieren.

*

Wichtig ist auch, Brücken zu vorangegangenen Generationen zu bauen. Beispielsweise zu fragen: »Wer war der Großvater, was hat er im Krieg gemacht?« Das hat viele meiner Generation umgetrieben. Meine älteste Schwester hat einmal eine Anfrage an das Bundesarchiv gestellt, um zu erfahren, wo mein Vater im Zweiten Weltkrieg stationiert war, was er dort vielleicht erlebt hat. Wir wissen so gut wie nichts über seine Zeit als Soldat. Aufgrund der Erkennungsmarken-Verzeichnisse der Wehrmacht wurden uns die Namen der Kompanien, in denen mein Vater gedient hatte, genannt. Wir erfuhren beispielsweise, dass er eine Zeit lang in einem Schützenregiment war. Aber detaillierte Angaben konnten nicht gemacht werden. Seine Personenkarte sagt nur aus, dass er bei der 4. Kompanie Schützen Ersatzbataillon 1 war. Wir hätten gern mehr gewusst. Wir hätten unseren Vater früher fragen sollen! Er ist mit 54 gestorben, da war ich 16. Damals kam ich gar nicht auf die Idee, sein Leben zu erkunden. Und ich denke, er hätte gar keine große Lust gehabt, vom Krieg zu erzählen. So weiß ich nicht wirklich viel über meinen Vater. Das bedaure ich heute sehr. Denn ich kann ja auch meinen Enkelkindern nur wenig über ihn erzählen.

Wir wissen, dass viele Adoptivkinder, auch wenn sie froh und glücklich in ihrer Familie sind, irgendwann doch die biologischen Eltern suchen. Es ist die Sehnsucht, die eigene Existenz zu verorten, zu beheimaten, denke ich. Woher komme ich? – das ist eine existenzielle Frage! Manche erfahren auch schwierige Geschichten. Gerade erst wurde bei Beethoven anhand einer Haarprobe entdeckt, dass er vielleicht gar kein leibliches Kind seiner Eltern war. Andere müssen wahrnehmen, dass der Vater kein Wohltäter, sondern ein Täter gegen andere war. Das tut weh. Aber es klärt auch etwas über die Herkunft. Wer bin ich? Woher kommen bestimmte Gefühle? Was hat mich geprägt? Eine meiner Nichten, Französischlehrerin und mit Frankreich sehr vertraut, schickte mir über meine Schwester die Anregung, dass es in Frankreich die *L'heure de la grand-mère* gebe. Das sei die Stunde am Abend, in der Babys nur noch schreien und kaum zu beruhigen sind. Da ist die Oma gefragt, die Ruhe ausstrahlt, deren Nerven noch nicht wie bei den Eltern vom Tagesstress blank liegen. Sie nimmt das Baby mit in den Schaukelstuhl und wiegt es, bis es sich beruhigt. Auch das ist natürlich ein Idealbild. Aber ich finde interessant, dass es den Begriff im Französischen gibt. Er spiegelt für mich die Erfahrung, dass Großeltern mit der Distanz, die sie trotz aller Nähe haben, entlastend sein können für junge Eltern – und damit ja auch für die ganze Familie.

Neben all dem Glück: Zeit mit Enkelkindern ist immer kostbare, aber manchmal auch anstrengende Zeit. Aber wenn Großeltern und Enkel Zeit miteinander verbringen, ist es in der Regel das, was neudeutsch *quality time* genannt wird, eine ganz besondere, intensive Begegnung. Und genauso empfinde ich das auch. Ich genieße es, wirklich Zeit zu haben. Eine Mutter ist zwangsweise oft mit den Gedanken auch woanders: Es muss noch eingekauft werden, die Waschmaschine muss laufen. Gerade berufstätige Mütter haben es schwer, weil sie das Gefühl haben, zerrissen zu werden zwischen Kinderzeit, Haushalt und Beruf. Als kürzlich die Kitamitarbeiterinnen streikten, habe ich mit einem vierjährigen Enkelsohn den Vormittag verbracht. Ich habe Legohäuser gebaut. Er war der Dinosaurier, der immer wieder Kinder oder Tiere klaute und hinter den Sofakissen versteckte. Ein tapferer Wolf hat die Gefangenen immer wieder befreit und nach Hause gebracht, wo es ein Fest mit Torte gab. Als meine Tochter zurückkam, waren drei Stunden vergangen. Wir waren versunken im Spiel, die Zeit war wie im Flug vergangen. Was für eine wunderbare Erfahrung!

Es sind wahrscheinlich die Großeltern, die für Entschleunigung sorgen können. Ich erlebe den Druck, dem die Elterngeneration ausgesetzt ist. Und ich finde vollkommen akzeptabel, dass Kinder auch mal etwas auf dem iPad schauen dürfen. Ich würde das niemals verurteilen, solange Kinder nicht den ganzen Tag davorsitzen, weil niemand Lust hat, sich um sie zu kümmern. Absolute Medienabstinenz geht an der Realität vorbei.

Aber vorlesen – wie wunderbar ist das! Ich lese gern die alten Märchen vor. Entdecke aber mit den Kindern auch ganz neue und wunderbare Bücher. Beispielsweise die *Schule der magischen Tiere* von Margit Auer, die eine großartige Perspektive eröffnet. Ein Lehrer ordnet Kinder einem magischen Tier zu, das es begleitet, ermutigt oder tröstet. Das wunderbare Geheimnis schweißt die Klasse fest zusammen, denn die Erwachsenen nehmen nicht wahr, was die Kinder erleben. Da wird die Fantasie angeregt. Ganz ähnlich *Die kleine Dame* von Stefanie Taschinski. Sie hat magische Kräfte und ist stets auf Abenteuer aus mit ihrem tausend Jahre alten Chamäleon.

Neben neuen Büchern lerne ich als Großmutter auch neue Themen kennen.

Gleichzeitig lernen die Kinder von den Großeltern, was Alter heißt. Es ist für mich spannend, zu erleben, wie oft solche Gedanken sie bewegen. »Du bist alt, Omi«, sagt der Vierjährige als Feststellung. »Ja«, sage ich. »Und irgendwann bist du auch alt und vielleicht ein Opa.« Dann sehe ich geradezu, wie es in seinem kleinen Kopf arbeitet: »Omi ist alt, auch ich werde alt.« Oder die siebenjährige Enkeltochter wirft mir an den Kopf: »Irgendwann bist du tot, Omi!« Sie wartet auf die Reaktion. Ihre Mutter ruft: »Aber nicht doch, wie kannst du nur!« Ich sage: »Ja, und dann gibt es eine Beerdigung. Und du kommst mal auf dem Friedhof vorbei und besuchst mich.« Das Mädchen hält für einen Moment inne. Auch bei ihr kann ich wahrnehmen, wie gut es ist, dass ich nicht abwehre, worüber sie offenbar gerade nachdenkt. Ein anderes Mal ist mein Enkel gerade beim Schaukeln, als er mich fragt: »Stirbst du mal, Omi?« Ich sage: »Ja, so wie meine Mutter und Großmutter gestorben sind und irgendwann auch die, die nach mir geboren sind.« »Tja«, sagt der Sechsjährige, »so ist das Leben.«

Ich denke, von der eigenen Endlichkeit sprechen, zu akzeptieren, dass wir die Generation sind, die demnächst abtreten wird, das erweitert den Horizont der Kinder. Derartigen Fragen auszuweichen, macht den Tod bedrohlich, wie alles, das nicht erwähnt werden darf. Großeltern sind auch dazu da, die Endlichkeit des Lebens zu thematisieren, finde ich. Aber dazu mehr am Ende des Buches …

Die eigene Rolle finden

Mehr als zwanzig Millionen Großeltern gibt es wie gesagt in Deutschland, und sie sind alle sehr verschieden. Deshalb ist gut und wichtig, sie nicht alle über einen Kamm zu scheren. Alle Großeltern, die ich kenne, sind sehr glücklich und auch dankbar, Enkel zu haben. Aber sie alle müssen auch erst ihre Rolle finden.

Das beginnt schon mit dem Alter. Ich war 54 als meine erste Enkeltochter geboren wurde. Einerseits jung genug, um eine sehr aktive Omi zu sein. Aber andererseits noch voll berufstätig und nicht rund um die Uhr verfügbar. Auf jeden Fall war mir wichtig, für die Enkelkinder präsent zu sein. Da musste erst einmal ausgelotet werden: Wie viel Präsenz der Omi ist gewünscht, vielleicht gar gefordert? Wie viel Engagement kann oder will ich auch ermöglichen? Als mein siebtes und – bisher – jüngstes Enkelkind geboren wurde, war ich 62 und bereits seit zwei Jahren im Ruhestand. Seitdem kann ich Zeiten besser einteilen. Und doch muss auch hier eine Balance gefunden werden einerseits zwischen den verschiedenen Enkelkindern und der eigenen Präsenz, damit es nicht als ungerecht verteilte Zeit empfunden wird. Andererseits zwischen dem eigenen Leben und dem der Kinder. Für mich ist diese Balance momentan sehr stimmig, ich bin glücklich und dankbar, Zeit mit diesen wunderbaren Kindern, aber auch Zeit für mich, Zeit mit meinem Partner zu haben. Und ich merke:

Werden die Enkelkinder älter, verändert sich auch wieder etwas. Da ist dann weniger Betreuung als Kommunikation gefragt.

Andere werden erst sehr spät Großeltern. Mit über siebzig ist es meist anstrengender, kleine Kinder zu betreuen oder auch nur zu Besuch zu haben. Eine Freundin sagte: »Es ist soooo schön, wenn die Enkelkinder da sind. Aber nach einem Wochenende Besuch bin ich völlig erschöpft und brauche dringend Ruhe! Ganz abgesehen von dem Chaos, das sie hinterlassen …« Sie liebt ihre Enkel sehr, aber ist auch froh, Zeit für sich zu haben. Auch da ist Offenheit wichtig. Junge Eltern können oft gar nicht nachempfinden, dass die Älteren in Sachen Spontaneität und Geräuschkulisse nicht mehr so belastbar sind wie sie selbst.

Es gibt Großeltern, die sind wirklich rund um die Uhr im Einsatz, bringen die Enkel zur Kita, holen sie ab, betreuen sie täglich. Gerade für Alleinerziehende ist das eine enorme Entlastung. Voraussetzung ist das Wohnen am selben Ort – oder zumindest in räumlicher Nähe.

Ich kenne eine Großmutter, deren einzige Tochter mit zwei Enkeln in Neuseeland wohnt. Heutzutage gibt es zum Glück Skype oder FaceTime, um zu kommunizieren. Aber sie muss viel sparen und allen Urlaub zusammenlegen, um einmal im Jahr so weit zu reisen. Die vier Wochen in Neuseeland stehen dann auch unter dem Druck, besonders schön zu sein.

Räumliche Nähe ist ein Vorteil für Regelmäßigkeit und selbstverständliches Miteinander. Und gleichzeitig können so auch Konflikte heftig werden. Ich denke, wir sollten die Zeiten nicht verklären, in denen drei Generationen unter einem Dach wohnten. Das war für alle nicht so einfach.

Mit meiner ältesten Tochter, die mit Mann und drei Töchtern gut vierhundert Kilometer entfernt lebt, habe ich zu Beginn meines Ruhestands ausgemacht, dass ich einmal im Monat für drei Tage komme, um die Enkelinnen regelmäßig zu sehen. Ihr selbst gibt das die Möglichkeit, ein Treffen mit Freundinnen zu verabreden oder ein Abendessen mit ihrem Mann. Wir legen die Besuchszeiten langfristig fest. Das erleichtert uns beiden die Planung. Meine anderen beiden Töchter mit jeweils zwei Söhnen wohnen jede eine knappe halbe Stunde von meiner Wohnung entfernt. Da lässt es sich gut für einen Nachmittag verabreden. Alle Töchter haben Zugang zu meinem Kalender und können den Wunsch nach Betreuungszeiten eintragen, wenn die Zeitspanne durch nichts anderes blockiert ist. Es sind verschiedene Arrangements, aber sie sorgen für regelmäßigen Kontakt, das ist mir sehr wichtig. Meine jüngste Tochter wohnt in Berlin. Sollte sie noch Kinder bekommen, könnten wir das auch arrangieren. Mein Partner hat inzwischen zwei Enkelinnen, eine in Berlin, eine in Hamburg – gute Planung ist in solchen multilokalen Großfamilien wichtig, aber sie kann gut gelingen, denke ich. Denn nur durch regelmäßigen Kontakt entstehen Bindung und Vertrauen.

Interessant finde ich, dass Juliane Haubold-Stolle im schon genannten Buch die besondere Rolle der Großmütter aufzeigt. Es gibt Thesen, dass wir als Frauen durch das Klimakterium von Natur aus irgendwann nicht mehr in der Lage sind, Kinder zu gebären, weil wir dadurch mehr Zeit für Enkelkinder haben. Als Bezugspunkte werden Elefanten angeführt, bei denen die Herden offensichtlich nur über die weibliche Linie zusammenleben. Und es wird behauptet, Großmütter hätten einen stärkeren Bezug zu den Kindern ihrer Töchter als zu denen ihrer Söhne, weil biologisch bewiesen sei, dass es auch wirklich ihre Enkel sind. Ob das alles stimmt, weiß ich nicht. Und da ich vier Töchter habe, kann ich auch keine anderen Erfahrungen teilen. Von meinem Gefühl her aber denke ich, ich würde die Kinder meiner Söhne genauso lieben, und sehe das auch bei den Schwiegermüttern meiner Töchter.

Aber vielleicht kopieren Frauen später als Mütter ihre Herkunftsfamilien, weil sie eben doch in der Erziehung mit Blick auf Rituale und Alltagsleben oft dominant sind. So wird tradiert, was als Beheimatung empfunden wird: wie Geburtstage gefeiert werden, wie Weihnachten gestaltet wird. Auch vertrauen Mütter offenbar das eigene Kind eher der eigenen Mutter an. Schwiegermütter und Schwiegertöchter haben traditionell von daher mehr Spannungen. Die Schwiegermutter einer meiner Töchter sagte mir auch bei der Einschulung eines gemeinsamen Enkelkindes, ich hätte es gut, mit Schwiegersöhnen sei es schlicht einfacher. Aber ich sehe auch, wie eng die anderen Großmütter mit den Enkeln verbunden sind, und freue mich drüber. Je mehr vertrauensvolle Bezugspersonen, desto besser für die Kinder, denke ich.

Daher möchte ich die biblische Geschichte von Noomi und Rut erwähnen. Ihre Geschichte wird in dem kleinen Buch Rut in der Bibel erzählt. Noomi und ihr Mann Elimelech, leben mit ihren Söhnen Machlon und Kiljon in der Fremde. Die Söhne heiraten zwei Frauen aus dem Volk der Moabiter, Orpa und Rut. Als sowohl der Mann als auch die Söhne von Noomi sterben, will sie zurückkehren in ihr Heimatland. Ihren beiden Schwiegertöchtern sagt sie: »*Geht hin und kehrt um, eine jede ins Haus ihrer Mutter! Der* HERR *tue an euch Barmher-*

zigkeit wie ihr an den Toten und an mir getan habt. Der HERR *gebe euch, dass ihr Ruhe findet, eine jede in ihres Mannes Hause. Und sie küsste sie. Da erhoben sie ihre Stimme und weinten und sprachen zu ihr: Wir wollen mit dir zu deinem Volk gehen. Aber Noomi sprach: Kehrt um, meine Töchter!« (Rut 1,8ff.)*

Orpa kehrt schließlich um, aber Rut geht mit ihrer Schwiegermutter. Vieles werden die beiden erleben, am Ende wird Rut Boas heiraten, einen Israeliten. Sie wird einen Sohn gebären, und über all die Jahrtausende hinweg ist berührend zu lesen, wie Noomi dieses Kind umsorgt und die Nachbarinnen sagen: »Noomi ist ein Sohn geboren.« Noomi wird zur Großmutter, ohne das biologisch zu sein. Das ist ein Vorbild für ehrenamtliche Großmütter heute, finde ich. Übrigens, das sei angemerkt: Ich finde spannend, dass die sogenannte postkoloniale Bibelinterpretation heute Orpa ganz neu in den Blick nimmt. Anders als Rut passt sie sich nicht der dominanten Kultur an, sondern bleibt bei ihrem Volk.

Auf jeden Fall gilt: Großeltern können sich die Aufgabe, mit der sie konfrontiert sind, nicht immer aussuchen. Vor Jahren wurde mir das Buch von Christoph Gödan, *Die großen Mütter. Leben mit Aids in Afrika*[9], geschenkt. Es ist ein bedrückendes Buch voller Geschichten von alten, ausgemergelten Großmüttern. Ihre Kinder und Schwiegerkinder sind an Aids gestorben. Sie versuchen, mit den Enkelkindern mitten in Elend und Armut zu überleben. Eine Verantwortung im hohen Alter, die sie sich nicht ausgesucht haben. Aber sie stellen sich ihr – um der Kinder willen. Und so erlebe ich Großeltern. Sie versuchen, das Bestmögliche zu tun für ihre Enkelkinder.

Konfliktpotenziale

Ich will das Verhältnis von Großeltern, Eltern und Enkeln wie gesagt nicht nur idealisieren. Natürlich gibt es wie in allen Beziehungen auch Konfliktpotenzial. Vor allem die Familie wird oft allzu hoch gefeiert. Da entsteht dann Druck: Wir müssen zur Konfirmation kommen, obwohl wir überhaupt keine Lust dazu haben. Der Geburtstag der Großmutter ist geradezu heilig. Aber die Kinder und Kindeskinder wissen: Es wird nichts als Ärger geben. Da ist Freiheit zur Abgrenzung angesagt. Großeltern sollten nicht verlangen, dass unbedingt alle zusammenkommen. Unter Zwang entsteht kein Gemeinschaftsgefühl. Und Druck hat noch nie schöne Feste zustande gebracht. Ich rate wiederum zur Gelassenheit: wunderbar, wenn es gelingt. Entspannung, falls alles ganz anders kommt. Aber deutlich machen: Ich denke an euch, das ist wichtig. Es wird als verletzend empfunden, wenn Großeltern etwa die Geburtstage ihrer Enkelkinder bewusst ignorieren oder vergessen. Und das kann ich nachvollziehen.

Ja, Zeit ist das, was Großeltern haben. Nicht immer gleich und nicht immer in dem Ausmaß, das von den Eltern der Enkel gewünscht wird. Denn Großeltern haben heute auch noch ein eigenes Leben. Das kann manchmal auch zu Konflikten führen, weil die Erwartungen sehr unterschiedlich sind. Da denken die Kinder vielleicht, die Eltern sind stets parat – aber niemand hat sie gefragt. Sie sind vielleicht selbst noch berufstätig. Manche Großeltern sind auch schon sehr alt und nicht mehr so flexibel, wie es erhofft wurde.

Großeltern, die sehr regelmäßig Enkelkinder betreuen, erklären auch, es sei ihnen manchmal doch zu viel. Sie lieben die Enkel sehr, fühlen sich aber belastet. Ein Paar, das mit Sohn und Enkeln unter einem Dach lebt, sagt unter vorgehaltener Hand: »Sie sind so wunderbar. Aber wenn sie Samstagmorgen um halb acht Uhr vor der Tür stehen, seufzen wir manchmal leise. So ein ruhiges Frühstück zu zweit hat auch etwas.« Da ist es wichtig, zwischen Lust und Pflicht die richtige Balance zu finden, das mit den Eltern der Enkelkinder auch gut zu besprechen: Was sind eure Erwartungen, was kann und will ich leisten? Lieber ein klärendes Gespräch als ein gärender unausgesprochener Konflikt.

Nicht immer ist es auch bei Großelternpaaren so leicht, den Grad des Engagements für die Enkel und die Zeit für die Partnerschaft auszutarieren. Das ist schon der Fall bei Großeltern mit gemeinsamen Enkelkindern, wenn ein Teil des Paares sich lieber stärker engagiert, es dem anderen aber eher zu viel ist. Da erklärt der Ehemann, er habe das Gefühl, ihm werde Zeit mit der Ehefrau weggenommen. Die Enkelkinder werden von ihm als Konkurrenz in Sachen Aufmerksamkeit gesehen. Das kommt in den besten Familien vor, dachte ich, als am 30. April 2023 die *Bild am Sonntag* meldete, Kurt Russell sei sauer, weil Goldie Hawn sich so sehr für ihre sieben Enkelkinder engagiert. Allerdings sind schon in der Überschrift die Rollen klar verteilt: »Weil sie die Glucke spielt, ist er angesäuert.« Warum wird Engagement für die Enkel als »gluckenhaft« beschrieben, frage ich mich.

Bei Patchworkfamilien kann es noch deutlich schwieriger werden, wenn ein Partner sich zeitintensiv um die eigenen Enkel kümmert, die Partnerin aber das Gefühl hat, dadurch in der Beziehung benachteiligt zu werden. Haben beide Enkelkinder, ist das noch in eine Balance zu bringen. Ist aber nur ein Teil des Paares in der Großelternrolle, kann das belastend werden.

In der Regel gibt es ja vier Großeltern. Bei einigen Familien gibt es geradezu einen Wettbewerb: Wer verbringt die meiste Zeit mit den Enkeln? Oder: Wer bringt die größten Geschenke mit? Andere Familien haben eher Probleme, dass die Großeltern sich überhaupt nicht engagieren. Auch die Patchworksituationen können schwierig sein. Wer beispielsweise wie genannt wird. Meine Freundin Jan schrieb mir aus den USA einmal, es sei ein Hin und Her gewesen zwischen Granny und Grandfather, Jan und so weiter. Am Ende sei sie gefragt worden, wie sie, die angeheiratete Stiefomi genannt worden wolle, und sie sagte mit dem ihr typischen Humor: »Wie wäre es einfach mit: Jan?«

Ich fand das lustig. Aber ich würde das Konfliktpotenzial auch nicht unterschätzen. Meine Mutter hatte sich bewusst entschieden, »Großmutter« genannt zu werden, um sich von ihrer Mutter, die für alle »die Omi« war, zu unterscheiden. Die Enkelkinder nannten sie irgendwann »Großi«. Das war eine liebevolle Abkürzung. Meine Schwestern und ich werden in den Familien »Omi« genannt.

Nach meiner Erfahrung ist es am besten, die Benennung gleich beim ersten Enkelkind bewusst zu entscheiden. Gerade in Patchworkfamilien ist das gar nicht so einfach. »Omi« ist für meine Enkelkinder so etwas wie ein Eigenname geworden.

Als ich einem Enkel einmal sagte, mein Name sei eigentlich Margot, fand er das merkwürdig. Erstaunt sagte er: »Aber du bist doch Omi!«

Und auch das gibt es: Der Großvater wird selbst noch einmal Vater. Der Onkel ist jünger als der Neffe. Es wird dann schwierig, Rollenklarheit zu finden. Als Großvater fällt der Mann im Grunde aus, weil er mit seiner Vaterrolle in der neuen Beziehung absolut ausgelastet ist und sich eigentlich eher parallel zum Sohn sieht. Das enttäuscht den Enkel und seine Eltern. Für Großeltern ist wichtig, die eigene Rolle zu finden.

Eine Großmutter bat mich um Rat. Die Schwiegertochter hatte den Kontakt abgebrochen, nachdem sie sich ständig eingemischt hatte. Sie überlegte, die Enkelkinder heimlich an der Schule abzupassen, um den Kontakt zu halten. Ich denke, das geht einfach nicht. Wir müssen akzeptieren, dass wir als Großeltern nicht die Erziehungsberechtigten sind. Aber wir dürfen hoffen, eine eigenständige Beziehung zu den Enkelkindern aufzubauen. Das geht nicht an deren Eltern vorbei und schon gar nicht gegen sie. Deshalb ist Rechthaberei nicht angebracht. Aber auch Eltern, die mit den Großeltern, ihrem Auftreten und ihrer Haltung hadern, würde ich stets raten, der Großelternbeziehung eigenen Raum zu geben. Kinder können ganz gut unterscheiden, was die Haltung der Eltern und welche die der Großeltern ist. Auf jeden Fall ist es für sie wichtig, unterschiedliche Generationen zu erleben. Deshalb sollten Eltern und Großeltern sich friedlich verständigen, damit diese Räume für die Kinder zugänglich sind, auch wenn es Konflikte oder Trennungen gibt.

Aber natürlich sind Konflikte vorprogrammiert, weil die Vorstellung von Erziehung in jeder Generation variiert. Eine

Bekannte regt sich ständig über den Erziehungsstil der Schwiegertochter auf. Sie würde das alles ganz anders machen. Ich denke in solchen Fällen: Wie hätte ich mich gefühlt, wenn meine Mutter oder meine Schwiegermutter mich kritisiert hätten? Die Eltern müssen erziehen, die Großeltern können begleiten. Es ist gut, wenn es klare Verabredungen gibt, welche Regeln gelten. Und Großeltern müssen akzeptieren, wenn Eltern beispielsweise besondere Vorstellungen von Ernährung haben. Dass es beim Besuch bei den Großeltern dann Ausnahmen gibt, das wiederum sollten die Eltern akzeptieren.

Ein anderes Beispiel: iPads und Smartphones gab es zu meiner Zeit als junge Mutter noch nicht. Ich denke, der Umgang mit Medien, auch mit Handys, ist für Eltern heute eine enorme Herausforderung. Die einen grenzen sehr stark ein, die anderen lassen offenbar zeitlich unbegrenzt Medienkonsum zu. Wir haben damals bei uns zu Hause nur um Fernsehzeiten gerungen: Wer darf was wie lange schauen? Das ist mit dem Internet einerseits schwieriger geworden. Andererseits kann dann geschaut werden, wenn es zeitlich passt. Deshalb sehe ich die neuen Medien kritisch, aber nicht nur negativ. Es ist beispielsweise doch toll, in Zeiten der Trennung – denken wir nur an die Kontaktsperren in Coronazeiten – neue Technologie nutzen zu können.

Eine junge Frau litt unter den Forderungen der Großeltern, sie hätten ein Recht auf eigene Zeit mit der Enkelin. Nein, solche Rechte gibt es nicht. Aber es kann doch austariert werden, was für alle gut ist. Erwachsenen darf zugemutet werden, Kompromisse zu finden um der Kinder willen. Bei solchen Konflikten sollten Großeltern immer überlegen, ob es jetzt um sie geht oder um das Wohlergehen der Eltern. Da lässt sich dann schon mal schlucken und schweigen.

Eine große Familie ist etwas Wunderbares. Aber sie birgt eben wie gesagt das Potenzial auch für Konflikt und Streit. Deshalb sollte die Großfamilie nicht zu sehr idealisiert werden. Alle in einem Haus, das hat natürlich auch Reibereien gegeben. Die Großeltern auf dem »Altenteil« in der Landwirtschaft haben sich früher durchaus eingemischt – nicht nur in Saat und Ernte, sondern auch in Ehe und Erziehung. Das hat zu vielen Verletzungen geführt.

Heute leben viele junge Familien sehr isoliert. Da gibt es eine Sehnsucht danach, Großeltern in der Nähe zu wissen, auf die du dich in vollstem Vertrauen verlassen kannst, wenn die Kita mal wieder schließt, das Kind krank ist, Ferien anstehen. Wie soll das auch gehen, wenn beide Eltern arbeiten? Erwachsene haben in der Regel dreißig Tage Urlaub, Kinder in der Regel aber 63 Tage Ferien. Es ist gut, dass es inzwischen freie Tage für Eltern gibt, wenn die Kinder krank sind. Aber was sind zehn Tage im Jahr, wenn Kinder viel öfter erkranken? Es gibt keine alternative Rundumbetreuung für Kinder, und gleichzeitig müssen heute beide Eltern erwerbstätig sein, um das Familieneinkommen zu garantieren. Von Alleinerziehenden und ihrem Druck ganz zu schweigen.

Zum Glück gibt es dieses besondere Band zwischen Großeltern und Enkeln. Und unter vielen Großeltern ein Wissen, ein Blick an den Eltern vorbei, der Bände spricht. In der Serie *Unsere wunderbaren Jahre,* die in der ARD die 50er-Jahre der Bundesrepublik schildert, sagt die Großmutter zum Enkelsohn: »Ich wünschte, ich könnte mit meiner Tochter so reden wie mit dir!« Er antwortet: »Geht mir mit meiner Mutter genauso.« Über den Mutter-Tochter-Konflikt hinweg haben die beiden eine gegenseitige Verständigung gefunden, die ihnen guttut. Sie löst den Konflikt mit der Mutter bzw. der Tochter nicht, aber sie stärkt sie auf je eigene Weise.

Die Zeitschrift *Freundin* hat einmal »11 No-Gos für die Großeltern« veröffentlicht, die ich interessant finde:[10]

1. SICH IN DIE NAMENSWAHL EINMISCHEN
Noch bevor das Enkelkind überhaupt auf der Welt ist, wird die Meinung bezüglich der Namenswahl kundgetan. Doch hier geht es nicht um die Wünsche und den Geschmack der Großeltern, sondern nur um das, was sich die Eltern vorstellen. Auch Enttäuschungen über eventuell gebrochene Namenstraditionen gilt es für sich zu behalten.

2. DIE GLEICHEN ERZIEHUNGSMETHODEN ANWENDEN
»Das haben wir früher auch so gemacht«, ist nicht das beste Argument, um Altes zu wiederholen. Vor allem auf Dinge, von denen man heute weiß, dass sie eher schädlich als nützlich sind, sollte verzichtet werden. »Dir hat es doch auch nicht geschadet«, ist kein Freifahrtschein, um die vergangenen Erziehungsmaßnahmen auch bei den Enkeln anzuwenden.

3. BETT-, BAD- ODER TISCHREGELN IGNORIEREN
Der Teller muss (nicht) aufgegessen werden, vor dem Zubettgehen werden die Zähne geputzt, und um Punkt 19 Uhr wird das Licht ausgemacht. Außerdem dürfen nur kindgerechte

Sachen im Fernsehen angeschaut werden, und als Bettgeschichten bitte keine gruseligen Märchen. Es gibt Regeln, die Eltern aufstellen, an die sich die Großeltern unbedingt zu halten haben.

4. DAS GEWICHT KOMMENTIEREN

»Sie hat zu wenig auf den Rippen« oder »Er könnte ein bisschen abnehmen«, das sind Sprüche, die sich Großeltern sparen können. Vor allem VOR den Enkelkindern sollten deren Essgewohnheiten nicht thematisiert werden. Das kann tiefe Verletzungen verursachen.

5. ELTERN VOR DEN ENKELKINDERN KRITISIEREN

In Sachen Erziehung sollten in erster Linie die Eltern das Sagen haben. Vor den Kindern geäußerte Kritik führt dazu, dass die elterliche Autorität untergraben wird. Das kann zu einer völlig falschen Dynamik innerhalb der Familie führen.

6. ÜBER TRADITIONEN UND FEIERTAGE STREITEN

Wenn es um Religion und besondere Feiertage wie Weihnachten oder Ostern geht, müssen die Erwartungen runtergeschraubt werden. Nur weil sich die Großeltern wünschen, dass gewisse Traditionen erhalten bleiben, heißt das nicht, dass das auch die Vorstellung der Eltern ist. Vielleicht wollen diese ihre eigenen Traditionen ins Leben rufen.

7. IN BILDUNG UND HOBBYS EINMISCHEN

Klar, die Großeltern wollen das Beste für ihre Enkel, dazu gehören auch eine gute schulische Leistung (am besten auf dem Gymnasium) und die Förderung von Talenten (Musikinstrumente, Sport). Aber sie können davon ausgehen, dass auch die Eltern nur das Wohl des Kindes im Sinn haben und wissen, welcher Bildungsweg oder welches Maß an Hobbys angemessen ist.

8. EINEN HAARSCHNITT VERPASSEN

Es klingt so banal, ist aber für viele Eltern ein absolutes No-Go: Wenn die Oma oder der Opa mit dem Enkel heimlich zum Friseur geht. Danach ist die süße Lockenpracht zwar weg, aber immerhin »sieht das Kind jetzt mal vernünftig aus«. Das Aussehen des Kindes liegt nicht in der Verantwortung der Großeltern!

9. ÜBERTRIEBENE GESCHENKE

Die Kinder bei jedem Besuch mit Geschenken zu verwöhnen, kann den Eltern auf Dauer ziemlich auf die Nerven gehen. Auch extreme Geburtstags- oder Weihnachtsgeschenke – wie zum Beispiel ein Schlagzeug oder ein Haustier – schießen über das Ziel hinaus.

10. EINEN LIEBLING HABEN

Darüber sollte man eigentlich gar nicht diskutieren müssen. Einen Liebling unter den Enkelkindern zu haben und alle anderen mit diesem zu vergleichen, ist für Großeltern völlig unangebracht. Wenn die Kleinen sich bei Oma und Opa nicht wohlfühlen und so sein können, wie sie sind, dann ist das einfach nur traurig.

11. GESCHICHTEN ÜBER DIE ELTERN

Aus den Enkelkindern Informationen über die Eltern herauszuquetschen (»Streiten Mama und Papa viel?« etc.) ist genauso fehl am Platz, wie Geschichten aus deren Vergangenheit zu verraten. Jugendsünden der eigenen Kinder sollte man nicht den Enkelkindern weitererzählen.

Diese elf »No-Gos« sind eine ganz gute Leitschnur, finde ich, um Konflikte zu vermeiden. Nicht immer wird das möglich sein. Eine Großmutter sagte mir einmal, die Enkel zu besuchen heiße für sie »Schenken. Schlucken. Schweigen«. Wann immer ich das erzählt habe, gab es große Heiterkeit. Weil offenbar viele Großeltern dieses Gefühl kennen. Schweigen ist oft sinnvoll. Wenn es aber zur Belastung wird, gibt es vielleicht auch die Möglichkeit eines Gesprächs, bevor ein Konflikt eskaliert. Immer sollte dabei die Wertschätzung der Leistung der Eltern im Vordergrund stehen. Sie geben in der Regel ihr Bestes. Und ihnen tut gut, wenn die eigenen Eltern das wahrnehmen, ihre Anerkennung für die Erziehungsleistung ausdrücken. Vorwürfe sollten auf jeden Fall vermieden werden. Am Ende geht es für Eltern und Großeltern gemeinsam um die Kinder, das steht im Vordergrund.

Mit den Enkeln durch das Jahr

Es ist schön, den Jahreskreis gemeinsam zu feiern. Der traditionelle Festkalender, der sich in den Feiertagen unseres Landes spiegelt, bietet für alle einen guten Rahmen, um alte Rituale neu zu entdecken und in einem Rhythmus zu leben – auch wenn Menschen nicht christlich geprägt sind. Mir ist wichtig, nicht nur die Gene, sondern auch die Meme weiterzugeben. Ja, Eltern und Großeltern vererben biologisch gesehen die Gene. Sie legen aber auch Glaubensfundamente, vermitteln Werte und eine Lebenshaltung. Das ist eine ungeheuer große Verantwortung, eine enorme Leistung und eine wunderbare Aufgabe. Auch Menschen ohne Kinder können dabei einen Beitrag leisten. Die »Meme« – die Kultur, das Gedächtnis, die Bildung einer Gesellschaft sind hiermit gemeint. Der Zoologe Clinton Richard Dawkins hat sie parallel zu den Genen gestellt. Er führte den Begriff »Mem« für den Bereich von Tradition und Kultur analog zum »Gen« in der biologischen Evolution ein. Gerade Großeltern können viel dazu beitragen, Kindern in unserem Land neben den Genen diese Meme mitzugeben, unsere Traditionen, unsere Kultur und auch Glaubensüberzeugungen.

Als ich vor vielen Jahren zu einer Kirchentagung in Australien war, habe ich vorab den Roman *Traumpfade* von Bruce Chatwin gelesen. Es geht um die unsichtbaren, ja mythischen Wege, die Aborigines, die Ureinwohner einst gegangen sind.

Sie wurden von Generation zu Generation mündlich überliefert und waren eine Art Landkarte, die für die nomadischen Völker das Überleben sicherte. So wussten Kinder und Enkel, wo und wann Nahrung zu finden war. Durch Erzählungen, aber auch über Lieder wurde die innere Landkarte weitergegeben.

Es gab viel Kritik am Roman. Chatwin habe nicht direkt mit Aborigines gesprochen, die Ureinwohner teilweise diskriminierend beschrieben. Was mich aber nach der Lektüre des Buches bis heute fasziniert, ist diese *oral tradition,* also die mündliche Weitergabe von Wissen, Erfahrung und Kultur. Das alles war nicht in Büchern festgehalten. Vieles ging auch verloren, als nicht mehr erzählt wurde. So denke ich, auch wir Alten heute, wir Großeltern können durch Geschichten, durch Traditionen, die wir pflegen, etwas weitergeben von den Vorfahren, von Werten und Vorstellungen vom Leben.

Advent

Mir ist wichtig, dass Advent auch wirklich erst Ende November oder Anfang Dezember beginnt. Es ist gut, wenn das Jahr gegliedert ist in bestimmte Zeiten und Rhythmen. Aus meiner Kindheit erinnere ich bestimmte Gerüche, einen bestimmten Geschmack oft verbunden mit einer besonderen Jahreszeit. Mandarinen beispielsweise haben für mich den Geruch von Advent. Spekulatius gibt es ab August zu kaufen. Aber ich würde sie immer erst im Advent genießen wollen. Sie haben den Geschmack von Advent, finde ich. Das gilt für mich auch für anderes Gebäck. Rituale und Zeiten haben ihren ganz eigenen Zauber – wir sollten sie nicht entzaubern, indem wir alles gleichmachen. Denn etwas erwarten, das bringt auch Vorfreude mit sich und besonderen Genuss.

Und Advent ist eben auch nicht Weihnachten. Schön, wenn die Kinder das bei den Großeltern erleben können: Alles hat seine Zeit! Vor dem Ewigkeitssonntag wird bei mir in der Wohnung nichts adventlich beleuchtet. Am Abend vor dem ersten Advent hole ich die Beleuchtung hervor. Hier der alte Schwibbogen, da der Adventskranz.

Die Adventszeit bietet so vieles zum Staunen. Ich sehe sie gern, die verschiedenen Lichterketten. So schön schmücken viele Menschen ihre Häuser. In vielen Bahnhöfen sind kleine Modellbahnen aufgebaut. Kaufhäuser haben oft besondere Fenster für Kinder mit Spielsachen oder Plüschtieren, die sich bewegen. Und ja, die Weihnachtsmärkte mit ihren besonderen Gerüchen sind großartig für Kinder wie für Erwachsene. Sie müssen gar nicht groß sein. Da tut es auch schon ein herrliches altes Karussell, das ich vor Augen habe. Wie gut, wenn Großeltern Zeit haben für solche Ausflüge im Advent.

Den Weihnachtsbaum stelle ich immer erst Heiligabend auf. Bei der Krippe ist das anders – je nach Tradition. In Hannover habe ich ab dem ersten Advent in meiner Wohnung eine Krippe. Die Enkel mögen sie sehr. Wir schauen sie an, kleine Lichter sind angebracht. Und wir können über die einzelnen Figuren und ihre Bedeutung sprechen. Das Christuskind gehört eigentlich erst Heiligabend hinein, wurde einmal moniert – von einem offenbar sehr kundigen Pfarrerskind. Und das stimmt ja auch. Aber bei mir ist es halt von Anfang an da. Die Hirten und Weisen sind alle erst auf dem Weg nach

Bethlehem und fehlen deshalb in manchen Krippenszenen. So eine Krippe bietet viel Raum für Gesprächsstoff!

Früher habe ich für alle meine Kinder einen Adventskalender bestückt. Oft war das eine Herausforderung, denn es bedeutete bei vier Kindern, 96 Kleinigkeiten in kleine Stoffbeutel zu füllen. Ich habe immer schon früh angefangen, zu sammeln, wenn ich Passendes entdeckt habe. Die Kalender sind sicher Elternsache. Aber es könnte natürlich auch einen Adventskalender für die Kinder bei den Großeltern geben, wo immer es täglichen Kontakt gibt. Jedenfalls höre ich gerne, wie aufgeregt die Kinder sich morgens freuen, den Kalender zu öffnen. Und einer meiner Enkel war zu Tränen enttäuscht, als am 25. Dezember klar war: kein Adventskalender mehr …

In der Adventszeit ist fast überall traditionell Plätzchenbacken angesagt. Wenn es die Eltern nicht tun, kann hier die Stunde der Großeltern schlagen. Auch weil es bei ihnen nicht so schlimm ist, wenn in der Küche Chaos entsteht – sie haben Zeit zum Aufräumen, wenn die Enkel wieder zu Hause sind. Bei uns ist es so, dass meine Töchter und Schwiegersöhne mit den Kindern backen, nicht ich. Das ergibt sich nach und nach so in Familien. Ich erinnere mich gern an die gemeinsame Adventsbäckerei mit meinen Töchtern. So richtig gut gelungen sind die Plätzchen bei uns selten, aber das Backen hat Spaß gemacht! Eine Nachbarin sagte mir unvergessen in meiner ersten Pfarrstelle: »Alles gut mit deinen Plätzchen, Margot. Aber wenn offizieller Besuch kommt, biete bitte meine an.« Das war sehr, sehr lieb gemeint, denn ihre waren wirklich perfekt.

Die Großeltern können den Enkeln erzählen, woher die Bräuche kommen. Nehmen wir beispielsweise den Adventskranz. Johann Hinrich Wichern ist der eigentliche Erfinder. Er hat von 1808 bis 1881 gelebt und in Hamburg 1833 das Rauhe Haus gegründet. Das war ein Ort, der Kindern, die verwaist oder verwahrlost waren, eine Zuflucht bot. Das galt damals geradezu als revolutionär. Die Kinder lebten in Wohngruppen wie in Familien. Sie wurden gefördert, damit sie eine Ausbildung abschließen und für sich selbst sorgen konnten. Bis heute betreut die Stiftung im Raum Hamburg Kinder und Jugendliche.

Um den Kindern dort die Vorbereitung auf das Weihnachtsfest nahezubringen, hat Wichern für jeden Tag bis zum Heiligen Abend Kerzen auf einen Kranz gesteckt: Eine große weiße für die Sonntage und jeweils kleine rote für die Werktage. Mit den 28 Kerzen sollte die Vorfreude auf Weihnachten sinnlich erfahrbar werden.

Dazu passt wunderbar das Lied »Wir sagen euch an den lieben Advent«:

Wir sagen euch an den lieben Advent
Sehet, die erste Kerze brennt
Wir sagen euch an eine heilige Zeit
Machet dem Herrn die Wege bereit
Freut euch, ihr Christen!
Freuet euch sehr!
Schon ist nahe der Herr

Wir sagen euch an den lieben Advent
Sehet, die zweite Kerze brennt
So nehmet uns eins um das andere an
Wie auch der Herr an uns getan
Freut euch, ihr Christen!
Freuet euch sehr!
Schon ist nahe der Herr

Wir sagen euch an den lieben Advent
Sehet, die dritte Kerze brennt
Nun tragt eurer Güte leuchtenden Schein
Weit in die dunkle Welt hinein
Freut euch, ihr Christen!
Freuet euch sehr!
Schon ist nahe der Herr

Wir sagen euch an den lieben Advent
Sehet, die vierte Kerze brennt
Gott selber wird kommen, er zögert nicht
Auf, auf ihr Herzen, werdet Licht
Freut euch, ihr Christen!
Freuet euch sehr!
Schon ist nahe der Herr[11]

Schön, das mit den Kindern zu singen. Da ich vier Kinder habe, durfte bei uns zu Hause immer eines die nächste Kerze anzünden. Auch das ist ein wunderbares Ritual. Nicht alle sind gleichzeitig dran. Sondern eins nach dem anderen …

Im Advent 2020 war ich mit den Enkelkindern coronabedingt oft draußen unterwegs. Ich habe den Kindern immer wieder das Gedicht *Denkt euch, ich habe das Christkind gesehen* vorgetragen. Die beiden größeren Jungs von meinen vier Enkelsöhnen mochten vor allem die Stelle »Ihr Naseweise, ihr Schelmenpack!« und stimmten dann lachend laut ein: »Denkt ihr, er wäre offen der Sack?«.

Weihnachten rief mich meine Tochter an und erzählte, ihr vierjähriger Sohn habe unaufgefordert das komplette Gedicht aufgesagt, und alle hätten sich gewundert, woher er das wohl hat. Ich hab mich gefreut, das hatte sich offensichtlich eingeprägt:

Denkt euch, ich habe das Christkind gesehen!
Es kam aus dem Walde, das Mützchen voll Schnee,
Mit rotgefrorenem Näschen.
Die kleinen Hände taten ihm weh,
Denn es trug einen Sack, der war gar schwer,
Schleppte und polterte hinter ihm her.
Was drin war, möchtet ihr wissen?
Ihr Naseweise, ihr Schelmenpack –
Denkt ihr, er wäre offen der Sack?
Zugebunden bis oben hin!
Doch war gewiss etwas Schönes drin!
Es roch so nach Äpfeln und Nüssen![12]

Als Kind war es das Gedicht, das ich Heiligabend aufzusagen hatte. Meine älteste Schwester durfte die Weihnachtsgeschichte aus dem Lukasevangelium lesen. Die mittlere trug *Knecht Ruprecht* vor. Und ich als jüngste hatte nun mal das Gedicht »*Denkt euch, ich habe das Christkind gesehen!*« vorzutragen. Damals fand ich es irgendwie weniger wertvoll. Aber wenn ich meine Enkelsöhne lachen höre, denke ich heute: Das hat seinen ganz eigenen Wert! Verfasst wurde das Gedicht übrigens von Anna Ritter, einer Dichterin und Schriftstellerin aus Marburg, die 1921 verstarb. Sie schrieb viele Gedichte und Märchen für Kinder. So verbinde ich heute Marburg mit ihr und schätze das Gedicht mehr als damals als Kind!

Nikolaus

Das Nikolausfest am 6. Dezember war bei uns immer besonders. Als ich Kind war, stellten wir einen Schuh vor die Tür, der gut geputzt sein musste. Am nächsten Morgen waren Äpfel, Nüsse und Mandarinen drin.

Als wir in den ersten Pfarramtsjahren auf dem Dorf wohnten, war ein Nachbar der Nikolaus für alle Familien in unserer Straße. Er kam tatsächlich mit Rute und Sack und fragte die Kinder in sehr ernstem Ton, ob sie brav gewesen wären. So ganz behagte mir das nicht. Was, wenn nicht, dachte ich immer. Gingen sie dann wirklich leer aus? Wie viele Ängste gab es früher bei Knecht Ruprecht! Erinnern Sie sich an das Gedicht von Theodor Storm, das meine mittlere Schwester aufsagen durfte?

Von drauß', vom Walde komm ich her;
ich muss euch sagen, es weihnachtet sehr!
Allüberall auf den Tannenspitzen
sah ich goldene Lichtlein blitzen,
und droben aus dem Himmelstor
sah mit großen Augen das Christkind hervor.

Und wie ich so strolcht' durch den finstern Tann,
da rief's mich mit heller Stimme an:
»Knecht Ruprecht«, rief es, »alter Gesell',
heb die Beine und spute dich schnell!
Die Kerzen fangen zu brennen an,
das Himmelstor ist aufgetan,
Alt und Jung sollen nun
von der Jagd des Lebens einmal ruhn,
und morgen flieg ich hinab zur Erden;
denn es soll wieder Weihnachten werden!«

Ich sprach: »O lieber Herre Christ,
meine Reise fast zu Ende ist;
ich soll nur noch in diese Stadt,
wo's eitel gute Kinder hat.«

»Hast denn das Säcklein auch bei dir?«
Ich sprach: »Das Säcklein, das ist hier;
denn Äpfel, Nuß und Mandelkern
essen fromme Kinder gern.«

»Hast denn die Rute auch bei dir?«
Ich sprach: »Die Rute, die ist hier;
doch für die Kinder nur, die schlechten,
die trifft sie auf den Teil den rechten!«

Christkindlein sprach: »So ist es recht;
so geh mit Gott, mein treuer Knecht!«
Von drauß', vom Walde komm ich her;
ich muss euch sagen, es weihnachtet sehr!

Nun sprecht, wie ich's hier innen find!
Sind's gute Kind, sind's böse Kind?

Heute kann ich den Text immer noch für die Enkelkinder aufsagen – aber stets mit einem Augenzwinkern! Denn wenn das Christkind fragt, ob Ruprecht auch die Rute dabeihabe, finde ich das inzwischen doch ziemlich unpassend. Gut, dass es inzwischen ein Recht auf gewaltfreie Erziehung gibt …

Als jener alte Nachbar verstorben war, hat im letzten Jahr auf dem Dorf mein Mann den Nikolaus selbst gespielt. Das ging ziemlich schief, weil unser Hund sich derart freute, als er ihn sah, dass die Kinder lachen mussten. Er sprang an ihm hoch und kläffte vor Vergnügen. Also war schnell klar, wer sich hinter dem Bart und dem roten Mantel versteckte. Ab da wurden Schuhe geputzt und vor die Tür gestellt. Am nächsten Morgen rannten die Kinder und schauten, was in den Schuhen war. Meine Töchter machen das heute auch so. Es ist ein Augenzwinkern dabei: Der Nikolaus war da. Bei einer Tochter hinterlässt er sogar eine kleine Botschaft und bedankt sich für den Keks, der ihm als Proviant hinterlegt wurde. Aber dass es am Ende die Eltern sind, die alle Schuhe bestücken, ist im Grunde allen klar. Und das finde ich gut so.

Die Nikolauslegenden sind schön zum Weitererzählen. Es geht um einen Mann, der als Bischof von Myra (in der heutigen Türkei) Anfang des 4. Jahrhunderts lebte. Er soll an einem 6. Dezember gestorben sein. Eine der Legenden, die sich um ihn ranken, erzählt, drei Mädchen, die ein armer Vater zu Prostituierten machen wollte, habe er vor diesem Schicksal gerettet. An drei Nächten nacheinander warf er je einen großen Goldklumpen in das Zimmer der Mädchen.

Eine andere geht so: Als eine große Hungersnot tobte, bat Bischof Nikolaus die Besatzung des Schiffes im Hafen, einen Teil des Korns auszuladen. Die Besatzung hatte Angst, der Kaiser würde sie bestrafen, wenn sie die Ladung unrechtmäßig weggebe. Aber sie taten es trotzdem aus Respekt vor dem Bischof. Als das Schiff am Zielort ankam, war die Menge des Korns nicht geringer als zuvor. Immer wieder jedenfalls rettet Bischof Nikolaus in den Erzählungen Kinder oder lässt ertrunkene, verstorbene Kinder wieder auferstehen. Die Verehrung von Nikolaus und die Tradition, dass er Kinder beschenkt, ist in vielen Kirchen bekannt. Oft hat er Begleiter, etwa Engel oder eben jenen Knecht Ruprecht, der bei Theodor Storm selbst zum Gabenbringer wird. Bis zur Reformation gab es am Nikolaustag eine kleine Weihnachtsbescherung, wie wir sie heute kennen. Da Martin Luther Heiligenverehrung ablehnte, stellte er das Christkind in den Mittelpunkt. Damit wurde Weihnachten zum Zentrum der Familienfeierlichkeiten. In den Niederlanden ist der 6. Dezember heute noch das zentrale Fest.

Der Nikolaus hat sich indessen weiterentwickelt. Sinterklaas, so der holländische Name, kam im 17. Jahrhundert mit Auswanderern in die Vereinigten Staaten von Amerika. Rentierschlitten und Schornstein haben sich erst später dazugesellt. 1931 beauftragte Coca-Cola den Zeichner Haddon Sundblom, mit dem Weihnachtsmann als Motiv eine Anzeige zu gestalten. So entstand die Figur, die heute als Santa Claus oder Weihnachtsmann dargestellt wird: ein rundlicher Mann, der herzhaft und mit tiefer Stimme »Hohoho« lacht. Ob Sundblom sich selbst malte oder aufgrund seiner schwedischen Wurzeln auch Figuren aus der nordischen Götterwelt vor Augen hatte, ist umstritten. Vielleicht inspirierte ihn der Gott Thor, der gern als älterer Mann mit langem Bart dargestellt wurde. In jedem Fall war die Weihnachtswerbung ungeheuer erfolgreich – und sie ist es bis heute.

Übrigens: An manchen Orten werden am Nikolaustag Kinderbischöfe gewählt, die bis Weihnachten oder bis zum 28. Dezember, dem »Tag der unschuldigen Kinder«, im Amt sind. Das ist eine alte Tradition aus dem Mittelalter. Der Kinderbischof nahm an den Gottesdiensten im Dom teil und hatte dort einen Ehrenplatz inne. Das Amt war ausgesprochen begehrt. Heute sollen die Kinder – es sind meistens drei – Veranstaltungen anregen oder die Fragen und Forderungen von Kindern zur Sprache bringen. Ich habe das schon erlebt, in Hamburg und in Niklausberg (bei Göttingen) und finde es eine gute Idee: der Nikolaus als Sprachrohr für die Sorgen der Kinder heute. Als ich in meinem ersten Amtsjahr als Landesbischöfin die drei Kinderbischöfe in Nikolausberg eingeführt habe, gab es Spott darüber. Mir hat das gezeigt, wie viele Erwachsene die Ernsthaftigkeit von Kindern gar nicht begreifen.

Weihnachten

Die Sache mit dem Weihnachtsmann wäre damit schon geklärt. Ich habe immer nur vom Christkind gesprochen bei meinen Kindern und Enkeln. Für den bene!-Verlag habe ich in einer Kinderbuchserie mit biblischen Geschichten vor einigen Jahren einen Band mit dem Titel *Als Jesus geboren wurde* herausgebracht. Mit Stefanie Scharnberg, einer wunderbaren

Illustratorin, habe ich diskutiert, wie das Ganze bildlich umgesetzt werden könnte. Mir war wichtig, dass es wirklich eine richtige Geburt war, denn ich finde, das kommt in den Erzählungen darüber immer zu kurz. Und so hat Stefanie Scharnberg eine Maria in Geburtsstellung und einen Josef, der den kleinen Jesus mit der Nabelschnur in Händen hält, gezeichnet. Im nächsten Bild liegen Josef und Maria erschöpft und eng umschlungen im Stroh, daneben der frisch gewickelte Säugling. Es ist mein Lieblingsbild aus der Serie, der Verlag hat es mir sogar zu Weihnachten geschenkt. Denn so wird deutlich, was die Menschen anrührt an der alten Geschichte: »Es begab sich aber zu der Zeit …«

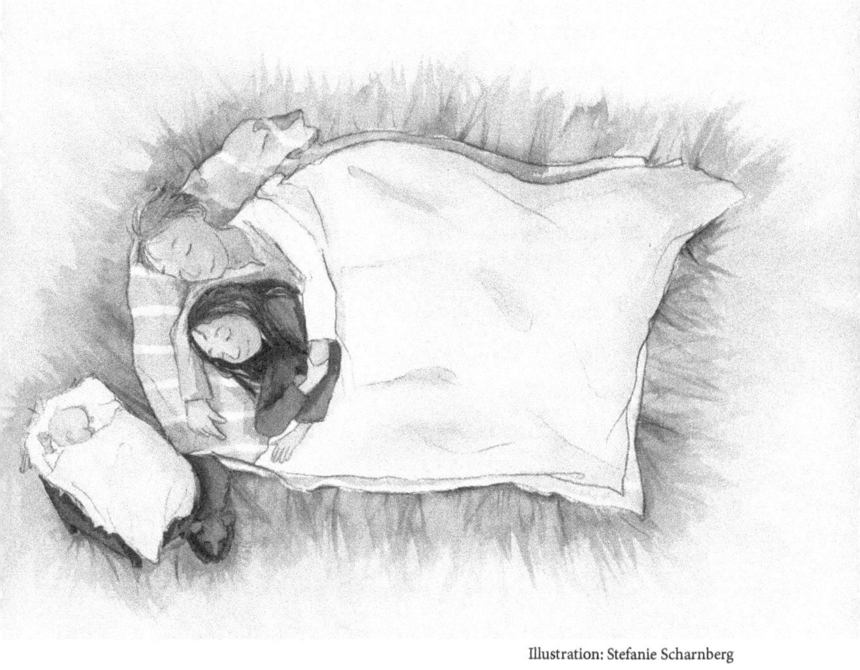

Illustration: Stefanie Scharnberg

Vor vielen Jahren begann eine Kirchenvorsteherin die alte Geschichte aus dem Lukasevangelium zu lesen, als ein Junge, der in der übervollen Kirche auf dem Boden neben mir saß, laut aufstöhnte und seufzte: »O Mann, die Story kenn ich schon!« Ich habe ihm dann zugeflüstert: »Und du wirst sie jedes Jahr wieder hören, wenn du zur Kirche kommst. Vielleicht später mit deiner Freundin, irgendwann mit deinen Kindern oder als Großvater. Und immer wird sie vertraut, aber auch neu und anders in dir klingen.« Ich habe das nicht vergessen, weil mir damals selbst klar wurde: Das fasziniert an dieser alten Erzählung: Es geht um ein Paar in schwieriger Lage, die Freude über ein Kind, die Furcht davor, wie es weitergehen soll. Da sind große Gefühle beschrieben, die Menschen in aller Welt kennen. Und so wird die Geschichte immer weitererzählt. Es gibt Krippen in afrikanischer Tracht, die Inuit bilden ihre Situation in Eis und Schnee nach. In Guatemala habe ich eine Krippe in wunderbaren, landestypischen Farben gesehen. Maria, Josef und das Kind, sie beheimaten sich allüberall, weil alle Menschen ihre Situation nachvollziehen können.

Martin Luther hat sich selbst als »Weihnachtschrist« bezeichnet. Dass Gott in diese Welt kam als Kind, diese Glaubensgrundlage hat ihn geprägt. Dass Gott sich den Menschen zuwendet, so wie Jesus das beschreibt: wie ein Vater, der den Sohn wieder aufnimmt, der auf Abwege geraten war. Und: dass Gott Schmerz, ja das Sterben selbst erlebt, aber dem Tod nicht das letzte Wort lässt – dieser Glaube trägt Martin Luther als Theologe und als Familienvater, als Freund und Nachbar.

Und so hat Luther eines der beliebtesten Weihnachtslieder gedichtet und selbst vertont: *Vom Himmel hoch, da komm ich her* (EG 24). Dieses Lied zeigt, dass Luther als Familienvater den Heiligen Abend gestalten wollte. Die Kinder konnten zu diesem Lied die Weihnachtsgeschichte in Rollen nachspielen.

Elke Strauchenbruch beschreibt das so:

»Vor den Geschenken des Christkindes konnten sich die Lutherkinder offenbar auf das vom Vater aus den Kirchen ins eigene Haus geholte Krippenspiel freuen. Dabei hat er gewiss auch ausprobiert, welche Form der Feier den geistlichen Inhalt des Festes am besten und eindrucksvollsten vermittelt. Man darf sich das Weihnachtsspiel der Kinder im Lutherhause also in der Dramaturgie des Weihnachtsliedes so vorstellen:

Der Engel erscheint und verkündet:

Vom Himmel hoch
da komm ich her
und bring euch gute, neue Mär,
der guten Mär bring ich
so viel,
davon ich singen und sagen will.

Der Engel erzählt, dass ein *Kindelein so zart und fein* geboren sei, *der Herr Christ unser Gott.* Die Kinder lauschen der Botschaft. Dann ziehen sie, die älteren wohl als Hirten verkleidet, mit dem Gesang *Des lass uns alle fröhlich sein* zur Krippe, die hinter einem Vorhang steht. Der Vorhang öffnet sich. Die Kinder knien vor der Krippe und falten die Hände, um *das liebe Jesulein* anzubeten. Dann erheben sich die Kinder, reichen einander die Hände und tanzen singend um die Krippe herum.

Davon ich allzeit fröhlich sei,
zu springen, singen immer frei
das Susannine schön
mit Herzenslust den süßen Ton;
Lob, Ehr sei Gott im höchsten Thron,
der uns schenkt seinen ein'gen Sohn.
Des freuen sich der Engel Schar
Und singen uns solch neues Jahr!«[13]

Es geht Weihnachten um das Kind, das uns geschenkt wird, das der Welt Frieden bringen will, kann, soll. »Susaninne« ist ein alter Ausdruck für ein Wiegenlied.

Engel

Mehr als 50 Prozent der Deutschen glauben an Engel, das finde ich erstaunlich. Ganz persönlich stand ich dem Engelthema lange Zeit skeptisch gegenüber. Was soll denn da werden aus dem Verhältnis von Glaube und Vernunft? Aber das hat sich geändert! Alles fing damit an, dass mir eine Delegation des finnischen Kirchentages als Generalsekretärin des Deutschen Kirchentages einen Engel mitbrachte. Ich fand ihn kitschig. Er ist aus Ton, die Flügel ragen ihm sozusagen gleich mitten aus dem Gesicht heraus. Aber dann hing er in meinem Büro an der Wand und hat mich so manchen Kirchentagsschreibtischtag begleitet. Er schaute sozusagen freundlich interessiert zu, was ich machte. Ich habe mich an ihn gewöhnt. Aber dann machte ich eines Tages die Balkontür auf, stieß an den Engel, und er fiel herunter. Kaputt. Ich war richtig unglücklich. Unsinn, oder? Wie kann jemand unglücklich sein wegen so eines getöpferten Teils? Also Handfeger und Schippe geholt und ab in den Papierkorb. Der Engel ging mir aber den ganzen Abend nach. Und so bin ich ins Auto gestiegen, noch einmal ins Büro gefahren und habe den Engel aus dem Papierkorb geholt, bevor alles durchgeputzt wurde. Ich habe ihn geklebt, und er lag danach jahrelang auf dem Fensterbrett in meiner Bischofskanzlei. Erst beim Umzug nach Berlin ging er irgendwie verschütt …

Seitdem habe ich aufgehört, zu lächeln, wenn Menschen von Engeln sprechen. Zu meinem finnischen Engel sind einige andere dazugekommen. Ein großer, schlanker aus Ton hält beispielsweise eine Schale, in der Weihrauch verbrannt werden kann – der wurde mir in einem Kloster geschenkt. Ein anderer Engel aus Keramik liegt auf meinem Schreibtisch. Ich weiß nicht mehr, wer ihn mir geschenkt hat, aber es ist ein »Engel der Gelassenheit«. Manchmal, wenn ich mich aufrege, lächele ich ihn an und denke, ja, ich weiß schon. Ein schlanker Engel aus herrlichem Holz schaut mir von hoch oben aus meinem Bücherregal zu. Ein Künstler hat ihn mir geschenkt, der in der Loccumer Akademie eine Engelausstellung zeigte.

An Weihnachten 2001 habe ich mich intensiv mit den Engeln befasst – in meinem Weihnachtsbrief, in Andachten und Predigten. Ich war ganz erstaunt, wie groß die Reaktionen waren. Viele Menschen haben mir erzählt und geschrieben, was ihnen Engel bedeuten. Ich hatte die bekannten Gedichte von Wiemer, *Es müssen nicht Männer mit Flügeln sein,* und den Text von Ludwig Thoma zum *Münchner im Himmel,* der sich als Engel einfach nicht eignet, zitiert und das alte Gebet von den vierzehn Engeln, die um mich stehen. Das war offensichtlich wie ein Ventil, das Menschen einen Zugang geöffnet hat. Sie haben gewagt, von eigenen Engelerfahrungen zu sprechen. Offensichtlich gibt es viele Schutzengelerfahrungen. Und mit Engeln, die in entscheidenden Situationen den richtigen Weg weisen.

In der Theologie sind Engel nicht so sehr beliebt, obwohl der renommierte Theologieprofessor Karl Barth in Basel einmal eine ganze Engelvorlesung gehalten hat! Sie werden von manchen ein bisschen verächtlich angesehen, oft auch als Frauensache und vielleicht ein wenig esoterisch angehaucht. Aber da bin ich in der letzten Zeit trotzig geworden. Die evangelische Theologie sagt ja, die Bibel sei letzten Endes das Kriterium, die Grundlage unseres Glaubens. Und da schwirrt es doch geradezu von Engeln! Sie verkünden unablässig, was Gott will und tut. Zacharias erscheint ein Engel, der die Geburt des Johannes ankündigt, Maria der berühmte Engel Gabriel. Die Hirten auf dem Felde erfahren in der Weihnachtsgeschichte durch den Engel, was sich zugetragen hat. Auch der hebräische Teil der Bibel kennt Engel en masse. Hiob, die Psalmen, die Propheten Jesaja, Hosea und Maleachi, Daniel.

Mein liebster Engelvers stammt aus Psalm 91,11: »Denn er hat seinen Engeln befohlen, dass sie dich behüten auf allen deinen Wegen.« Das hat der Bachchor in einer Vertonung von Mendelssohn-Bartholdy in der Marktkirche in Hannover gesungen, als ich am Tag meiner Einführung als Landesbischöfin am 4. September 1999 zur Kanzel ging, um die Predigt zu halten. Damals dachte ich – was kann dir da noch passieren …

Engel sind in der Bibel Mittler Gottes, vermitteln, was Gott will. Sie sagen die Gegenwart, die Anwesenheit Gottes zu.

Gott ist da, tröstend, haltend, bergend und sagt: »Fürchte dich nicht!« Diese Zusage ist so etwas wie die Visitenkarte der Engel, denke ich.

Martin Luther hat ja immer Wert darauf gelegt, dass wir nicht Heilige und auch nicht Engel anbeten. Und doch hat er seinen Morgen- und seinen Abendsegen mit der Bitte beschlossen: »Dein heiliger Engel sei mit mir, dass der böse Feind keine Macht an mir finde.« Das finde ich einen sehr schönen Gedanken, denn er benennt Engel als die Erfahrung von Gottes begleitender Gegenwart.

In der christlichen Glaubenspraxis wird heute oft ausgeblendet, dass es neben dem Hören auf Gottes Wort auch die Erfahrung von Gott gibt. So sehr ich mich gegen die Definition von »Glaube ist Gefühl« wehre, weil mir wichtig ist, dass ich beim Glauben meinen Verstand nicht ausschalten muss, so trocken finde ich einen Glauben ohne Erfahrung. Beim Glauben geht es nicht nur um Lesen, Hören, Verstehen und Schreiben, sondern auch um Singen, Lieben, Fühlen und Spüren. Vielleicht bringen Engel das am ehesten nahe.

Die Künstlerin, die den »Engel der Gelassenheit« gestaltet hat, der auf meinem Schreibtisch liegt, hat insgesamt 31 Engel geschaffen vom »Abenteuer-Engel« bis zum »Engel der Weisheit«. Inzwischen habe ich einige davon erworben und verschenkt. Sie schreibt, sie habe das Gefühl gehabt, die Engel wollten gemacht werden. Sie würden entstehen durch einen Prozess, an dem Intuition, Gefühl und Verstand beteiligt sind – und dann durch eine sehr aufwendige Handarbeit. Vielleicht ist das ja auch mit dem Glauben so, denke ich. Der setzt sich zusammen aus Intuition, Gefühl und Verstand und wird gelebt in einer sehr aufwendigen »Handarbeit«, von Tag zu Tag …

Engel sind sicher nicht verfügbar. Es gibt auch Zeiten, da sehnen wir uns nach einem Engel. Oder wir fragen uns, warum kein Engel da war, das Kind zu schützen, das ermordet wurde. Nachdenklich hat mich die Paul-Klee-Ausstellung »Tod und Feuer« im Sprengelmuseum in Hannover 2004 gemacht, besonders das Bild »Angelus Militans«. In einem kleinen Raum mitten im großen Ausstellungsraum waren etliche Zeichnungen von Engeln aus dem Jahr 1939 zu sehen: ein altkluger Engel, ein Engel im Kindergarten, ein Fels der Engel, ein Schellenengel, ein vergesslicher Engel, eine anrührende Engelfigur mit dem Titel »es weint« und eine Zeichnung »engelsam«.

Wer aus diesem Raum, dessen Bilder auf mich fast amüsant wirkten, herauskam, sah auf jenen militanten Engel aus dem Jahr 1940. Klee kämpfte damals mit seiner Krankheit, mit der Immigration, mit der Brandmarkung als »entarteter Künstler« und dem Ahnen und Wissen um die Realität in Deutschland. Da wird er sich einen kämpfenden Engel gewünscht haben, einen Engel, der mit allen Mitteln behütet und bewahrt: Schickt Gott kämpfende Engel? Dürfen die militant sein? Das widerspräche ja der christlichen Absage an Gewalt. Einen militanten Engel finde ich irritierend. Und doch, die Sehnsucht nach einem Engel, der eingreift, die kann ich gut nachvollziehen …

Vielleicht gibt es ja auch einen Engel des Humors, aber der ist mir noch nicht getöpfert oder gemalt begegnet. Allerdings bin ich überzeugt, dass der liebe Gott Humor hat. Und ich selbst brauche ganz bestimmt Lachen und Humor, um das Leben zu meistern. Martin Luther soll einmal gesagt haben, das Evangelium könne nur mit Humor gepredigt werden. Das gefällt mir, ist aber selten spürbar. Deshalb bemühe ich mich, dass bei jeder meiner Predigten zumindest einmal so etwas wie Heiterkeit, wenn nicht befreiendes Lachen, in der Gemeinde hörbar ist.

Vor allem können Engel aber trösten, denke ich. Am liebsten ist mir da Hans Christian Andersen: »Jedes Mal, wenn ein Kind stirbt, kommt ein Engel Gottes zur Erde hernieder, nimmt das tote Kind auf seine Arme, breitet die großen breiten Flügel aus und fliegt über die Stätten, die das Kind lieb gehabt hat …« Das ist ein wunderbares Bild, finde ich. Ein Bild dafür, wie Gott uns hält und trägt über den Tod hinaus.

Weihnachten hat mir einmal eine Freundin einen kleinen Schutzengel aus Holz geschenkt. Er ist ein bisschen kitschig, klein und pummelig und schaut hingebungsvoll zum Himmel. Am meisten bewegt mich, dass er einen gelben Stern auf der Brust trägt. Den habe ich erst gar nicht so richtig wahrgenommen. Aber dann fragte meine jüngste Tochter: »Warum hat der denn einen Judenstern?« Ja, ein Judenstern. Das hat mich sehr berührt. Dem Künstler war das vielleicht gar nicht bewusst, aber es sieht aus wie ein Engel mit einem Judenstern. Und da wünsche ich mir, dass es mehr Schutzengel gegeben hätte für die Juden Europas in der Nazizeit, als sie mit diesem Stern gekennzeichnet und gedemütigt wurden. Ein Schutzengel für all die gefolterten und ermordeten Frauen, Männer und Kinder jüdischen Glaubens – es hätte so mancher christliche Nachbar einer sein können …

Ich bin überzeugt, es gibt Engel. Sie sind die Erfahrung von Gottes Nähe. Definieren kann ich Engel nicht, sie lassen sich nicht einfangen in Sprachmuster. Aber sie sind da. Wenn wir uns für sie öffnen, können wir ihnen begegnen: in anderen Menschen, im Gespür, im Glauben. Lassen wir uns da nicht beirren. Und lassen wir uns auch nicht einreden, Engel seien nur etwas für Esoteriker. Der Glaube an Engel, die Erfahrung von Engeln, das ist gut christlich. Er ist in den Evangelien überliefert und in Jahrhunderten erkennbar gewesen. Sicher sollten Engel nicht überhöht werden und an die Stelle Gottes treten. Wir können auch nicht festlegen, was und wie ein Engel ist. Aber wenn Sie Engel sehen, spüren, ist das nicht abwegig.

Zum Glauben gehört auch die Offenheit für eine Erfahrung von Gottes Nähe. Und die können wir Kindern vermitteln, wenn wir mit ihnen über Engel sprechen. Vielleicht malen Sie ein Bild mit ihnen: Wie stellst du dir einen Engel vor? Oder welchen Schutzengel wünschst du dir? Wem würdest du gern einen Engel schicken?

Weihnachtsbaum

Es gibt viele spannende Geschichten, wie es zum Weihnachtsbaum gekommen ist. Manche meinen, weil der 24. Dezember im Heiligenkalender der Tag von Adam und Eva ist, habe ein grüner Tannenbaum in Mysterienspielen den Paradiesbaum dargestellt. 1527 ist in Mainz eine Erwähnung des Baumes gesichert, 1539 dann in Straßburg. Anfang des 18. Jahrhunderts wird öfter von ihm erzählt. Der Weihnachtsbaum gilt als »typisch deutsch«, er wird auch auf Marin Luther zurückgeführt. Es hieß, die Evangelischen hätten den Weihnachtsbaum, die Katholiken die Krippe. Der Weihnachtsbaum ist heute nicht mehr wegzudenken. Und er wurde in alle Welt exportiert. Erst gab es schlichte Kerzen als Schmuck, dann Christbaumkugeln, heute wird alles Mögliche an den Baum gehängt.

Als ich Kind war, fand ich es ungeheuer spannend, wie er wohl aussehen würde, der Baum. Die Schiebetür vom Esszimmer zum Wohnzimmer war geschlossen. Dann klingelte ein Glöckchen, und sie öffnete sich. An das Staunen über diesen wunderbar erleuchteten Baum kann ich mich bis heute erinnern. Damals galt bei uns die Regel, dass nur konfirmierte Kinder mitschmücken, also das Geheimnis vorab teilen durften. Bei meiner eigenen Familie war das später – mangels Schiebetür – nicht durchzuhalten. So habe ich die Tradition eingeführt, dass am Vormittag des 24. Dezember gemeinsam zur Musik des Weihnachtsoratoriums der Baum geschmückt wurde. Die Kinder waren immer mit großer Begeisterung dabei. Am Abend dann wurden sie nach dem Essen in ihre Zimmer geschickt. Ihr Vater und ich haben die Geschenke unter den Baum gelegt und die Kerzen angezündet. Dann erklang das Glöckchen, und die Kinder kamen herbeigerannt. Auch bei ihnen war diese Freude, dieses Staunen über den so wunderbaren Baum zu erleben.

Ich finde schön, dass viele Familien heute gemeinsam mit den Kindern den Baum aussuchen, auf einem Markt oder direkt im Wald. Manche haben da Idealmaße im Sinn: Dicht bewachsen und gerade soll er sein, der Weihnachtsbaum. Mir war immer ganz egal, ob der Baum krumm oder schief war.

Als wir in einem Jahr erst am 23. Dezember auf Usedom ankamen, lagen bei der Försterei in der Nähe nur noch fünf wirklich nicht besonders gut gewachsene Bäume zur Auswahl. Der große Weihnachtsbaumverkauf ist dort schon am zweiten Advent. Meine älteste Tochter meinte, so einen scheußlichen Baum könnten wir doch nun wirklich nicht nehmen. Aber eine Alternative gab es auf der Insel nicht. Am Ende hat wohl kein Baum so viel Aufmerksamkeit bekommen und so viel Heiterkeit ausgelöst wie dieser, der ziemlich krumm war, zwei Spitzen hatte und eine riesige Lücke im Geäst. Ich habe ihn geliebt!

Wenn er geschmückt ist, sieht jeder Weihnachtsbaum schön aus, finde ich. Diese strahlende Tanne mit Kerzen erhellt schlicht den Winter. Und er symbolisiert die Geburt Jesu. »Licht kommt in die Finsternis«, heißt es im Johannesevangelium anstelle einer Weihnachtserzählung. Und dazu passt dieser Baum. Deshalb würde ich ihn immer erst am 24. Dezember aufstellen und nicht schon in der Adventszeit.

Neues Jahr

Als Mutter habe ich überlegt, wie wir Silvester gestalten können. Jüngere Kinder sind früh müde, die Eltern auch. Wir haben manchmal Bleigießen gemacht – heute aus Umweltgründen nicht mehr möglich –, und ein bisschen Aberglauben ist ja auch dabei. Wunderkerzen waren beliebt, ebenso ein schönes Essen. Als die Kinder älter wurden, blieben sie bis Mitternacht auf, und es gab manchmal auch ein kleines Set mit Raketen. Böllern habe ich nie gemocht. Ich hatte auch immer eher Bedenken, wenn meine Töchter als Jugendliche zu Silvesterpartys gegangen sind. Allzu leicht kann etwas passieren. Und die Silvester, die ich in Berlin erlebt habe, erinnerten schon an Kriegszustände. Wir haben immer zugesehen, dass wir bis 22 Uhr zu Hause waren. Bis zum Morgen lag Qualm in der Luft, die Straßen waren völlig verdreckt nach der Böllerei. In den letzten Jahren waren wir immer am Strand auf Usedom. Da gibt es ein kleines Feuer, etwas Musik und Getränke, manche böllerten, aber nicht viel. Letztes Jahr fand ein organisiertes Feuerwerk in einem abgetrennten Bereich statt. Das fand ich gut, weil schön anzusehen, aber begrenzt und ungefährlich.

An einem ersten Januar rief mich ein Enkel an und erzählte begeistert von der familiären Silvesterparty. Sie hatten über der Feuerschale Marshmallows gegrillt, kleine Hütchen aufgesetzt und durften Wunderkerzen abbrennen. Er war völlig hingerissen und konnte seinen Wortfluss kaum bremsen. Dass all das lange vor Mitternacht stattgefunden hatte, war für ihn völlig gleichgültig.

Eine gute Idee, denke ich: kleine Rituale erfinden – es muss nicht immer Mitternacht sein, um das neue Jahr zu begrüßen. Vielleicht sind die Großeltern ja auch gefragt, falls die Eltern feiern gehen wollen, und können sich so etwas für die Enkelkinder überlegen. Bei uns zu Hause war, als ich Kind war, Silvester der eine Tag, an dem mein Vater mit uns Kindern »Mensch ärgere Dich nicht!« spielte. Auch ein Ritual. Ich habe es nie vergessen. Als wir älter waren, wurde dann ein bisschen geknallert um Mitternacht. Aber ein großes Ereignis war es nie.

Mir selbst ist wichtig, am Altjahresabend in den Gottesdienst zu gehen. Als ich an einem Silvester in der Jahresschlussandacht auf Usedom war, hat der Kollege im Pfarramt fünf Kerzen aufgestellt. Bei jedem Entzünden war ein Gedanke gefragt – vier mit Blick auf das vergangene, einer mit Blick auf das kommende Jahr. Danach gab es jeweils Musik zum Nachdenken. Mit Blick auf das alte Jahr: Was war schön? Was hat mich verletzt? Wo habe ich Erfolg erlebt? Wann Niederlage? Und mit Blick auf das neue Jahr: Worauf hoffe ich? Mir hat das sehr zugesagt. Ich denke, ein solches kleines Ritual könnten wir auch mit Kindern gestalten. Noch einmal zurückschauen: Was war da alles im vergangenen Jahr? Und ja, worauf freue ich mich, was könnte kommen? Von all den Vorsätzen mit Blick auf ein neues Jahr halte ich dabei nicht so viel. Es ist erwiesen, dass die meisten Menschen schon nach wenigen Tagen oder Wochen scheitern, und das ist dann eher deprimierend. Aber zu überlegen: Worauf freue ich mich? Was könnte schön werden?, das finde ich ansprechend.

Heilige Drei Könige

Erst mit dem 6. Januar endet der Weihnachtskreis. Viele Familien werfen den Weihnachtsbaum inzwischen schon am 27. Dezember aus dem Haus. Ich habe das immer erst am 7. Januar gemacht. Denn es ist doch schön, den Weihnachtskreis zu feiern. Am 6. Januar sind die drei Weisen an der Krippe angekommen. Davon lässt sich auch erzählen, etwa wenn wir die Krippe mit den Enkeln abbauen und wieder für die kommende Advents- und Weihnachtszeit verpacken.

Aus der biblischen Erzählung, dass ein Stern den drei Weisen aus dem Morgenland den Weg zur Krippe gewiesen hat, hat sich die Sternsingertradition entwickelt. Kinder gehen von Haus zu Haus, singen vor der Tür ein Lied und schreiben mit Kreide C+M+B und die Jahreszahl an die Haustür. Das steht für *Christus Mansionem Benedicat,* Christus segne dieses Haus. Mich hat immer berührt, wenn das an unserer Haustür stand. Die Kinder sammeln für einen guten Zweck, der Kindern zugutekommt. Früher war es eine römisch-katholische Tradition, heute kommen Sternsingerinnen und Sternsinger an vielen Orten gut ökumenisch gemeinsam an die Türen. Auch hier kann die Geschichte erzählt werden. Dass die drei Caspar, Melchior und Balthasar hießen, also die drei Buchstaben auch für sie stehen, ist eine Legende. Wir können erzählen, dass Menschen in aller Welt die Krippe aufsuchen, überall das Jesuskind ein Anziehungspunkt ist. In der Tradition ist einer der Weisen von schwarzer Hautfarbe. Angesichts von Sensibilität mit Blick auf kulturelle Aneignung ist an dieser Stelle Vorsicht angesagt. Aber dass diese drei eine unterschiedliche Herkunft hatten, aus verschiedenen Richtungen kamen, um miteinander Jesus die Ehre zu erweisen, erscheint mir gut vertretbar.

Der 6. Januar heißt auch Epiphanias. Der Begriff bedeutet: »Fest der Erscheinung des Herrn«. Es geht am Ende um die Erkenntnis: Gott ist in diese Welt gekommen. Uns ist klar geworden oder »erschienen«, dass Jesus Gottes Sohn ist. Schwer zu erklären – vielleicht dann doch eher »Heilige Drei Könige«.

Manche Familien, die katholisch geprägt sind, beenden die Weihnachtszeit sogar erst an Mariä Lichtmess, am 2. Februar. Das Fest geht auf die Erzählung im Lukasevangelium zurück, dass Maria, wie es traditionell üblich war, vierzig Tage nach der Geburt Jesu nach Jerusalem ging, um im Tempel zwei Tauben zu opfern. Meiner Mutter, die ansonsten sehr bewusst evangelisch war, sagte diese Tradition sehr zu. Sie konnte sich so schwer von ihrem Weihnachtsbaum trennen, hegte und pflegte ihn, sodass er bis Anfang Februar kaum nadelte, ja in einem Jahr sogar einen frischen Trieb zeigte. Insofern haben auch für Evangelische die katholischen Bräuche ihren Sinn. Schön finde ich auch die Tradition, an Mariä Lichtmess Kerzen zu weihen, evangelisch eher zu segnen, die dann in der dunklen Jahreszeit im Haus genutzt werden.

Geschichten von früher

Der Anfang des neuen Jahres ist manchmal auch mühsam. Da liegen all die schönen Feste hinter uns. Die Zeit der großen Geschenke ist vorbei. Der Advents- und Weihnachtschmuck wird abgeräumt. Aber Frühling wird es so schnell noch nicht. Vielleicht ist das aber die beste Zeit, um zu erzählen.

Als Kind war ich von den Erzählungen meiner Familie umgeben. Erst als älter werdende Frau wurde mir klar, wie sehr sie mich geprägt haben.

Gespielt haben Erwachsene früher nicht mit Kindern. Aber meine Omi kam jeden Wochentag zu uns, um zu kochen, weil meine Mutter im Familienbetrieb berufstätig war. In der kleinen Küche in unserem Haus hat sie erzählt von Hinterpommern, Latzig, Köslin. Wie sie ganz allein das erste Mal mit 18 ein Huhn schlachten musste, weil ihr Mann 1914 in den Krieg eingezogen worden war. Das fand ich spannend. Dass es eine Gutsherrin gab, von der Omi immer als »die Gnädige« sprach. Von der Inflation hat sie erzählt, den großen Geldbündeln und dem Druck, damit möglichst schnell das Schulgeld zu bezahlen und all das, was sie auf dem Gutshof nicht als Naturalien selbst beschaffen konnten, zu besorgen. Und natürlich waren der Krieg, das Verlassen der Heimat, die Angst um die Familie ein großes Thema.

Bei meinen Enkeltöchtern erlebe ich, dass sie direkt fragen: Omi, erzähl eine Geschichte von früher! Und dann fällt mir manchmal so wenig ein. Aber wenn ich etwas erzähle, merken sie es sich, und beim nächsten oder übernächsten Besuch erzählen sie mir die Geschichte in ihren Worten. Frank Benthin hat besonderen Eindruck hinterlassen. Ich weiß gar nicht, ob es ihn noch irgendwo gibt. Aber er war der Erste, den ich auf dem Weg zur Waldschule abholte. Gemeinsam holten wir anschließend »Gucki« ab. Frank war tief bewundert für seine Mutproben. So hat er etwa einmal einen Becher mit Malfarbe ausgetrunken und einen Regenwurm geschluckt. Das habe ich in Erinnerung. Die Geschichten lieben meine Enkelinnen, so schön zum Gruseln und Ekeln sind sie. Frank Benthin ist ihnen ein Begriff.

Eine andere Geschichte, die meine Enkelkinder lieben: Als meine älteste Schwester konfirmiert wurde, hat meine Omi mit viel Mühe eine Ananassahnetorte gebacken. Damit die keinen Schaden nehmen konnte, stellte sie die Torte oben auf einen Schrank. Kurz vor dem Kaffeetrinken wollte unsere Omi sie vom Schrank holen – und die ganze Torte rutschte ihr auf den Bauch. Seitdem hieß Ananassahnetorte »Omi-Klatsch-Torte«. Heute ist es eine lustige Geschichte, aber damals war die Tortenbäckerin natürlich den Tränen nahe. Als einem meiner Enkelsöhne an einem Geburtstag ein ganzes Blech mit Cupcakes auf den Boden fiel, habe ich gesagt, die heißen jetzt »Deine Flug-Cakes«. Das hat ihn etwas getröstet.

»Erzähl mal«-Bücher sind gerade sehr beliebt. Aber das alles, was ich von früher in Erinnerung habe, aufschreiben? Eine ältere Tante von mir hat sich regelrecht geweigert und gesagt, dass sei ihr zu viel. Eine schöne Erzählkultur ist wertzuschätzen, gerade in digitalen Zeiten. Dabei ist mir bewusst: Ich kann gar nicht alles verifizieren. War es genauso? Mit meinen Schwestern gab es da ein, zwei intensive Gespräche, weil wir bestimmte Geschichten oder Situationen in völlig unterschiedlicher Erinnerung hatten. Die *oral tradition* muss schlicht damit leben, dass nicht alles nachweisbar genau so war …

Märchen

Manche biblischen Erzählungen ähneln in der Struktur Sagen. Das zu erkennen, ist keine Gefährdung des Glaubens! Ich habe das begriffen, als ich im Studium eine Seminararbeit zum Thema abliefern sollte. Der Theologe Hermann Gunkel hat dargelegt, dass viele biblische Geschichten gerade im ersten Buch Mose ähnlich wie Sagen »volkstümliche, altüberlieferte poetische Erzählungen [sind], die Personen oder Ereignisse der Vergangenheit«[14] behandeln. Durch die mündliche Weitergabe und ihren poetischen Erzählton unterscheiden sie sich von historischen Abhandlungen. Ihre Vorgeschichte sieht Gunkel in freien Märchenstoffen, die von Ort zu Ort tradiert wurden. Das Märchen selbst definiert er als die »poetischen Erzählungen der urwüchsigen Völker«.[15] Es geht darum, dass Menschen Lebensherausforderungen bestehen müssen und in den biblischen Erzählungen durch Gottvertrauen dazu die notwendige Kraft finden. Biblische Erzählungen sind dabei nicht im abwertenden Sinne Märchen. Sie sind die tradierten Erzählungen des Volkes Israel über seinen Weg mit Gott. Und gerade deshalb ist es gut, diese Geschichten weiterzugeben. Sie ermutigen bis heute, Krisen zu bestehen.

Der Erziehungswissenschaftler und Psychologe Bruno Bettelheim hat mich beeindruckt mit seinem Buch *Kinder brauchen Märchen*. Heute gibt es viel Kritik an Märchen. Brutal seien sie – und das stimmt manchmal ja auch. Wie Rumpelstilzchen der Königin das Kind wegnehmen will, ist für Kinder schon eine angstvolle Szene. Allein auch der Gedanke, dass mit Hänsel und Gretel ein Vater seine Kinder in den Wald schickt zum Verhungern, weil er sie nicht mehr ernähren kann, ist grauenvoll. Das sei »schwarze Pädagogik« voller Drohungen und Moral – und auch an diesem Vorwurf ist etwas dran. Goldmarie ist fleißig und brav, Pechmarie ist faul und schläft gern lange. Die Fleißige wird belohnt, an der Faulen hängt das Pech, solange sie lebt.

Und dann gibt es die vielen Interpretationen mit Blick auf Freud'sche Theorien, in denen ödipale Konflikte und Fantasien eine Rolle spielen. Beim Vorlesen von Märchen kann ich nachempfinden, wie sehr diese Geschichten die Fantasie anregen. Kinder wissen sehr wohl, dass es Böses gibt in der Welt. Mir scheint es auch falsch, sie vor allem behüten zu wollen. Viele Märchen eröffnen die Möglichkeit, darüber zu sprechen, etwa mit Blick auf eigene Ängste.

Ich erinnere mich, dass ich als Kind kleine Schallplatten mit Märchen hatte. Eines war *Brüderchen und Schwesterchen*. Die Geschichte war mit Musik so dramatisch untermalt, dass ich mich beim Hören echt fürchtete. Deshalb ist es auf jeden

Fall besser, Märchen vorzulesen, darüber zu sprechen, was es bedeutet, wenn Rapunzel brutal das Haar abgeschnitten wird. Ich merke beim Vorlesen auch, dass ich manchmal besonders grausame Szenen überspringe. Aber ich stimme grundsätzlich zu: Kinder brauchen Märchen. Nur dürfen sie mit ihnen nicht allein gelassen werden. Und es ist wichtig, dass es ein gutes Ende gibt. Denn die Botschaft wollen wir den Kindern doch mitgeben: Ja, es gibt Gefahren im Leben. Ja, es gibt böse Menschen. Aber am Ende wird das Gute im Vordergrund stehen. Und wir gehen aus schwierigen Situationen gestärkt hervor. Rotkäppchen hat sich verschätzt, aber sie und die Großmutter überleben. Schneewittchen wird von der Stiefmutter fast ermordet, aber sie findet zurück ins Leben. Hänsel und Gretel halten als Geschwister zusammen, sie verhungern nicht – und die Hexe kann sie nicht zerstören.

Mein Partner spielt regelmäßig im Gießener Kindertheater TINKO bei Märchenaufführungen mit. Ich war schon mit Enkelkindern dort, aber auch allein als Besucherin. Mich fasziniert immer wieder, wie intensiv die Kinder mitgehen. Sie bangen mit dem tapferen Schneiderlein, ob er es schafft, die Riesen zu bezwingen. Sie ekeln sich mit der Prinzessin vor dem Frosch, der in ihr Bettchen will. Und sie ermutigen laut rufend die Königstochter, die den Namen von Rumpelstilzchen herausfinden muss, um ihr Kind zu retten. So ein Theater ist noch einmal etwas ganz anderes, als ein Video zu schauen oder auf dem iPad zu gucken. Diese Nähe der Schauspielenden, das Dunkel des Theaterraums, das alles fasziniert auch technikaffine Kinder.

Großmutter und Großvater spielen in Märchen immer wieder eine Rolle, ganz besonders in diesem der Brüder Grimm:

Der alte Großvater und der Enkel

Es war einmal ein steinalter Mann, dem waren die Augen trüb geworden, die Ohren taub, und die Knie zitterten ihm. Wenn er nun bei Tische saß und den Löffel kaum halten konnte, schüttete er Suppe auf das Tischtuch, und es floß ihm auch etwas wieder aus dem Mund. Sein Sohn und dessen Frau ekelten sich davor, und deswegen mußte sich der alte Großvater endlich hinter den Ofen in die Ecke setzen, und sie gaben ihm sein Essen in ein irdenes Schüsselchen und noch dazu nicht einmal satt; da sah er betrübt nach dem Tisch und die Augen wurden ihm naß. Einmal auch konnten seine zittrigen Hände das Schüsselchen nicht festhalten, es fiel zur Erde und zerbrach. Die junge Frau schalt, er sagte nichts und seufzte nur. Da kaufte sie ihm ein hölzernes Schüsselchen für ein paar Heller, daraus mußte er nun essen.

Wie sie da so sitzen, so trägt der kleine Enkel von vier Jahren auf der Erde kleine Brettlein zusammen. »Was machst du da ?« fragte der Vater. »Ich mache ein Tröglein«, antwortete das Kind, »daraus sollen Vater und Mutter essen, wenn ich groß bin.« Da sahen sich Mann und Frau eine Weile an. Fingen endlich an zu weinen, holten sofort den alten Großvater an den Tisch und ließen ihn von nun an immer mitessen, sagten auch nichts, wenn er ein wenig verschüttete.[16]

Hier vermittelt das Kind zwischen der Eltern- und Großelterngeneration. Das Märchen deckt Ängste auf, aber eben auch Beziehungen. Es bündelt die Erzählungsweisheit von Jahrhunderten, die die Brüder Grimm gesammelt und aufgeschrieben haben; Narrative, wie wir heute sagen. Da werden Erfahrungen tradiert. Und das Schöne an den Märchen ist, dass jede Generation sie kennt, selbst erlebt hat, was es bedeutet, sie zu lesen, mitzubangen. Bei heutigen Erzählungen von Paw Patrol oder der Eiskönigin ist uns immer klar: Sie sind zeitlich begrenzt aktuell. Es wird die nächste Geschichte geben, die mit einer riesigen Merchandising-Aktion groß gemacht wird. Die alten Märchen bleiben. Und Eltern sollten sich nicht scheuen, sie zu erzählen, Großeltern schon gar nicht.

Mittagszauber

Im Garten wandelt hohe Mittagszeit,
der Rasen glänzt, die Wipfel schatten breit;
von oben sieht, getaucht in Sonnenschein
und leuchtend' Blau, der alte Dom herein.

Am Birnbaum sitzt mein Töchterchen im Gras;
die Märchen liest sie, die als Kind ich las;
ihr Antlitz glüht, es ziehn durch ihren Sinn
Schneewittchen, Däumling, Schlangenkönigin.

Kein Laut von außen stört; 's ist Feiertag –
nur dann und wann vom Turm ein Glockenschlag!
Nur dann und wann der mattgedämpfte Schall
im hohen Gras von eines Apfels Fall!

Da kommt auf mich ein Dämmern wunderbar,
gleichwie im Traum verschmilzt, was ist und war:
Die Seele löst sich und verliert sich weit
ins Märchenreich der eignen Kinderzeit.

Emanuel Geibel (1815–1884)

Fasching bzw. Karneval

Drei meiner Enkelkinder leben in der Nähe von Mainz. In der Region spielt Fastnacht eine große Rolle. Bei uns zu Hause war das weniger der Fall, in einem evangelischen Elternhaus hatten Faschingsfeiern keine Tradition. Aber es gibt zwei alte Fotos, die zeigen, dass ich mich verkleidet habe: Auf einem bin ich, vielleicht zehn Jahre alt, als Chinesin zu sehen, auf einem Bild als Indianerin. Ich erinnere mich an das Indianerkostüm gut: Es gab eine Perücke mit langen schwarzen Zöpfen und einen Überwurf, der irgendwie indianisch wirken sollte. Das Thema kultureller Aneignung oder Übergriffigkeit war damals überhaupt noch nicht auf dem Tisch. Es hat sich niemand etwas dabei gedacht, als Indianer zu gehen oder auch sich schwarz zu schminken, um ein »Mohr« zu sein. Heute wäre es politisch nicht korrekt, eine Indianerin oder Chinesin zu spielen. Ich finde es wichtig, dass dafür ein Bewusstsein entstanden ist, dass wir darüber reden, was das bedeutet, ohne dass es krampfhaft wird. Deshalb sind bei der folgenden Argumentation das »N...Wort« und das »M...Wort« ausgeschrieben.

1986 habe ich für meine Kinder eine Ausgabe von *Pippi Langstrumpf* gekauft. Da sagt Pippi: »Mein Vater ist ein Negerkönig [...] ich werde eine Negerprinzessin.« Jahre später habe ich den Band für meine Enkel neu erworben. Jetzt steht dort: »Mein Papa ist ein Südseekönig [...] und ich werde eine Südseeprinzessin.« Ich finde das gut! Es zeigt, dass wir lernfähig sind. »Neger« ist eine beleidigende Bezeichnung für Menschen dunkler Hautfarbe. Sie wird abgeleitet vom lateinischen *niger,* schwarz. Noch verächtlicher gesteigert wird sie mit der Bezeichnung »Nigger«.

Der Begriff »Neger« ist verbunden mit der ganzen Geschichte des Rassismus. Menschen weißer Hautfarbe sahen sich als überlegen an. »Neger« wurden als »weniger wert« wahrgenommen. Ihre Kultur wurde von weißen Europäern als Kolonialherren in Afrika missachtet; sie wurden verschleppt, in anderen Ländern auf Jahrmärkten halb nackt zur Schau gestellt, lächerlich gemacht. Auch in der Kirche übrigens. Da gab es den »Nick-Neger«, eine Spardose für die Mission, der sich demütig dankend verbeugte, wenn Münzen eingeworfen wurden. Und es gab den berühmten Negerkuss, zu dem wir heute Schokokuss sagen.

Aber es gibt eine Ausnahme, und die ist mir erst beim Vorlesen für die Enkelkinder aufgefallen: »Die Geschichte von den schwarzen Buben« im *Struwwelpeter.* Ein Junge wird »Mohr« genannt, ja »kohlpechrabenschwarz« sei er. Das wird heute als beleidigend gesehen. Drei andere, Ludwig, Kaspar und Wilhelm, lachen über ihn, beleidigen ihn rassistisch, wie wir heute sagen würden. Da kommt der große Nikolas und weist sie zurecht. Auch rassistisch wohl, weil er sagt: »Was kann denn dieser Mohr dafür, dass er so weiß nicht ist wie ihr?« Schwarzsein ist in der Geschichte klar ein Makel, der den hellhäutigen Kindern zum Spott dient. Da die drei Jungen mit dem Ärgern nicht aufhören, werden sie ins große Tintenfass gesteckt und sind nun »schwärzer als das Mohrenkind«. Im Grunde hat Heinrich Hoffmann 1844 Rassismus angeprangert. Er hatte sich in Frankfurt für die Gleichberechtigung aller Menschen und die Abschaffung der Sklaverei engagiert. Für seine Zeit war das weitsichtig. Heute ist es gut, dass auch der Begriff »Mohr« abgeschafft wurde und klar ist: So etwas wie »Rasse« gibt es gar nicht, die DNA aller Menschen ist zu 99,9 Prozent gleich. Gut, dass viele neue Kinderbücher das klarmachen.

Über die Veränderung der Begriffe empören sich manche Leute. Sie sagen, es sei übertriebene, ja geradezu verordnete Korrektheit. Aber warum wollen sie andere bewusst beleidigen? Ich finde, es ist eine Frage des Anstands, ob wir diskriminierende Äußerungen benutzen, die andere verletzen. Es geht um Respekt voreinander. Der ist bitter nötig in einer Zeit, in der die Sprache verroht.

Sich selbst einordnen zu müssen, das habe ich das erste Mal an der Universität in Atlanta erlebt. Es gab sieben Kategorien auf einem Fragebogen, aber ich fand, keine traf auf mich zu. Mir wurde dann gesagt, als hellhäutige Frau müsste ich *caucasian* ankreuzen. Ich selbst hätte mich niemals mit kaukasischem Ursprung gesehen.

Als hellhäutige Frau kann ich nicht beurteilen, wie sich rassistische Ausgrenzung anfühlt. Aber ich kann es ahnen. Und deshalb bin ich froh, dass Sprache sich ändern kann, wenn sich die Wahrnehmung verändert. In einem weltoffenen Land hat Rassismus nichts zu suchen. Wir leben hier zusammen als Menschen unterschiedlicher Hautfarbe. Und das ist gut so.

Aber Verkleiden ist auf jeden Fall immer noch angesagt! Als Mutter hatte ich eine große Verkleidungskiste mit lauter alten Sachen, vielen Tüchern, alten Schuhen. Die hätte ich aufbewahren sollen, aber sie ist all den Umzügen zum Opfer gefallen. Vielleicht haben andere Großeltern noch solche Sachen. Kürzlich haben aber erstaunlicherweise meine Enkelsöhne fasziniert mit meinem Schmuck gespielt, sich Ketten umgehängt, Ringe ausprobiert. Und Schminken macht so viel Spaß. Nicht nur an Fasching, sondern auch so zwischendurch.

Faschingskostüme besorgen sicher in der Regel die Eltern. Es gibt inzwischen viele zu kaufen, manche Großmütter nähen aber auch tolle Verkleidungen. Aber manches ist auch ganz einfach und muss nichts kosten. Ich erinnere mich, dass meine älteste Tochter und ein Nachbarsjunge in einem Jahr einfach rosa Leggings und T-Shirts anzogen und erklärten, sie gingen als Schweinchen. Einer meiner Enkel ging als Baumeister Bob. Helm, Weste vom Papa und eine Werkzeugtasche – das sah großartig aus. Dazu ein paar Luftschlangen und Tröten, vielleicht eine Polonaise zu fetziger Musik tanzen mit Oma und Opa, und schon gibt es Spaß.

Überhaupt: Mit Enkeln lässt es sich herrlich gut albern sein. Als einer meiner Enkel in der ersten Klasse war, lernte er Buchstaben zu verschieben. Aus Uhr wird Ohr, aus Tor wird Tür, aus Dose wird Rose. Mit seinem kleinen Bruder haben wir dann immer weitergesponnen, grammatisch und in Sachen Rechtschreibung nicht in Ordnung, aber einfach spontan lustig. Und es war für die beiden Jungs besonders erfreulich, wenn es nicht »politisch korrekt« zuging. Da wurde aus Backe Kacke, und statt in die Dose ging es in die Hose.

Darauf folgte bei beiden eine Witzephase, in der Klasse machten offenbar Witzebücher die Runde. Der Ältere konnte schon ganz gut erzählen, aber der Jüngere begriff oft die Pointe nicht, was ich wiederum total komisch fand. Etwa: »Ich habe heute ein Brötchen angerufen, aber es war belegt.« Oder: »Ein Skelett steigt auf sein Fahrrad. Da sagt es: Oh, ich muss noch meinen Helm holen.« Immer wenn der Kleinere es endlich kapiert hatte, konnte er nicht aufhören, den Witz noch einmal und noch einmal zu erzählen. Wir hatten einen absolut vergnüglichen Nachmittag. Und am Ende konnte er einen Witz auswendig, den er jedem erzählt hat, ob er es hören wollte oder nicht: Fritzchen macht Salat. Die Mutter fragt: »Hast du ihn auch gut gewaschen?« Fritzchen sagt: »Ja, mit Seife!« Darüber konnte er sich immer wieder ausschütten vor Lachen – und ich mit ihm.

Zum Frühling gehört auf jeden Fall das Singen! Vor einigen Jahren titelte der *Spiegel:* »Das Jaulen der Trauerklöße. Die Deutschen verlernen das Singen«. Wie wahr. Ich erinnere mich gut, dass meine jüngste Tochter mich beim Abiturgottesdienst ihrer Schwestern vor Jahren anraunzte: »Sing doch nicht so laut, das ist ja peinlich.« Dann wurde klar: Ich war fast die Einzige, die sang, außer dem Pastor …

Singen aber ist Teil von Bildung! Das Singen neu zu lernen, sollte ein Anliegen sein, weil, wie der Musikwissenschaftler und Gesangspädagoge Karl Adamek das formuliert hat, »die Seelen verstummen«, wenn das Singen bedroht ist. Menschen, die singen, sind nachgewiesenermaßen psychisch und physisch gesünder. Inzwischen ist die Folge verkümmerter Stimmbänder bei Kindern und Jugendlichen in Deutschland sogar messbar, heißt es. Dabei geht es auch um die Seele. Der hebräische Begriff *Näfäsch* bezeichnet die Kehle ebenso wie die Seele. Was auf der Seele festhängt, muss durch die Kehle hinaus, gerade, wenn wir belastet sind. Wie gut ist es, dann ein Trostlied zu kennen.

Gerade die Frühlingslieder schmettern sich so gut! »Alle Vögel sind schon da« unterstützt die Wahrnehmung der aufblühenden Natur. Wie wäre es mit einem Nistkasten? Da können Großeltern und Enkel gespannt zuschauen, wie Vögel bauen, brüten, versorgen. In unserem Familienferienhäuschen haben wir zwei, die wir vom Esstisch aus beobachten können. Aufmerksamkeit für die Natur liegt im Frühling in der Luft, finde ich. Und das gilt nicht nur für Familien, die einen Garten haben. Es lässt sich ja auch ein kleiner Topf mit Blumenzwiebeln auf der Fensterbank oder dem Balkon aufstellen. Die Faszination, zu sehen, wie sich mit Wärme, Wasser und Licht relativ schnell Krokusse, Hyazinthen oder Osterglocken entwickeln, ist für Kinder wie Erwachsene großartig, finde ich. Eine tolle neue Idee sind Insektenhotels, selbstgebaut oder gekauft.

Ich habe mit den Enkelkindern auf einmal wieder Lieder aus der Tiefe meines Gedächtnisses geholt, von denen ich gar nicht mehr geahnt habe, dass ich sie noch kannte. »Jetzt fahrn wir übern See« etwa oder »Auf einem Baum ein Kuckuck«. Es macht Spaß, gerade auch solche Lieder zu singen, die dann herausfordern – es fehlt das letzte Wort, wie heißt es wohl?

Mit meiner Tochter Lea habe ich ein Buch, *Die 100 schönsten Kinderlieder,* herausgegeben. Beim Suchen und Zusammenstellen ist uns bewusst geworden, wie viele wunderbare Lieder es gibt, sowohl zu den Jahreszeiten als auch zum christlichen Jahreskreis, aber auch einfach zum Spaßhaben. Es hätten weit mehr als hundert sein können. Und ein paar neue haben wir auch aufgenommen. Passend zum Thema gibt es auch ein Oma-Opa-Lied:

Oma, Opa sind die Besten

Im Reggae-Stil
viertel = 138

Text und Musik:
Andreas Helm

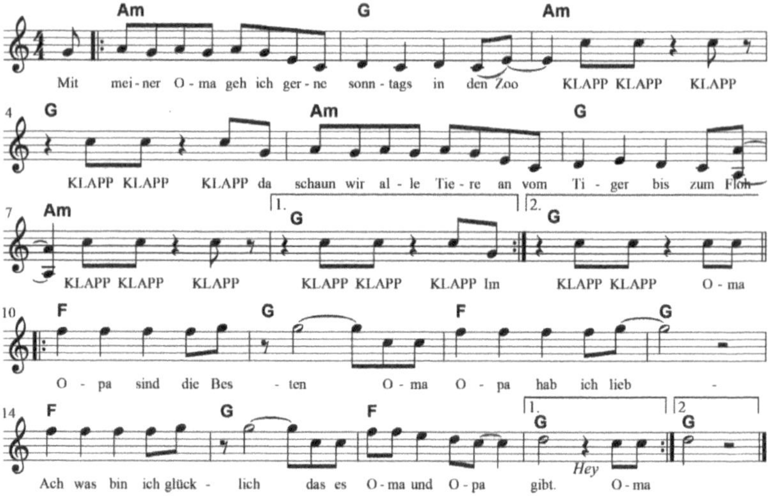

2. Im Sommer kauft die Oma mir dann noch ein großes Eis,
ja, und dann noch ein zweites, denn im Sommer ist es heiß.

Refrain

Oma, Opa sind die Besten,
Oma, Opa hab ich lieb.
Ach was bin ich glücklich,
dass es Oma und Opa gibt.

3. Bei meinem Opa krieg ich so viel Süßes, wie ich will.
Und manchmal esse ich davon ein bisschen viel zu viel.

4. Wenn mir dann ganz übel wird, der Opa mich versteht.
Dann macht er mir ’nen Kräutertee, damit mir’s besser geht.

Refrain

5. Bei meiner Oma muss ich abends auch nicht früh ins Bett.
Nein, nein, da bleib ich lange auf, die Oma, die ist nett.

6. Und meine Oma kocht mir immer gern mein Leibgericht.
Spaghetti und die Soße klebt mir immer im Gesicht.

Refrain

7. Wenn Opa uns besuchen kommt, dann hat er was dabei.
Viel Schokolade, Gummibärchen, Überraschungsei.

8. Mit Opas iPad darf ich spielen bis tief in die Nacht.
Um elf weckt dann der Opa mich, ganz vorsichtig und sacht.

Ostern

Ostern birgt eine Fülle wunderbarer Bräuche. Und es geht auch um eine spannende Geschichte. In der schon genannten Kinderbuchserie habe ich auch ein Buch geschrieben, in dem ich erzählt habe, »was Ostern geschah«. Stefanie Scharnberg hat es wieder illustriert. Mir wurde schnell deutlich, dass das gar nicht so einfach ist. Denn Ostern gibt es nicht ohne Karfreitag. Nina Ruge hat einmal in einer Talkshow, in der ich mit ihr zusammen eingeladen war, erzählt, sie habe eine Kinderbibel herausgebracht, jedoch die Passionsgeschichte ausgelassen. Die erschien ihr zu grausam. Aber kein Ostern ohne Karfreitag! Deshalb habe ich überlegt: Wie lässt sich das kindgerecht erzählen? Am Ende habe ich ein kleines Mädchen, Rebekka, als Protagonistin ausgewählt. Sie erzählt, wie sehr die Eltern Jesus mochten. Dass sie mit ihm nach Jerusalem gegangen sind. Wie sie begreift, dass er stirbt. Aber am Ende nimmt sie auch wahr, dass da mehr war als sein Tod, Gemeinschaft ganz neu möglich wird.

Wir können Kinder nicht davor schützen, dass es Trauer, Leid und Tod gibt. Das gehört zum Leben und auch zum christlichen Glauben. Aber wir können mit ihnen darüber sprechen, ihnen die Angst nehmen und auch Hoffnung vermitteln.

Illustration: Stefanie Scharnberg

Die sieben Wochen vor Ostern beginnen nach Karneval am Aschermittwoch und gelten traditionell als Fastenzeit. Es sind vierzig Tage bis Ostern, die an die vierzig Jahre erinnern, die das Volk Israel durch die Wüste zog, und an die vierzig Tage, die Jesus fastete, bevor er begann, öffentlich zu wirken. Besonders wichtig ist die letzte Woche, die mit Palmsonntag beginnt. Vor dem Passahfest kam Jesus auf einem Esel reitend nach Jerusalem. Viele Menschen begrüßten ihn, indem sie Palmzweige auf den Weg legten, über den er ritt. Es folgt der Gründonnerstag mit dem letzten Abendmahl, der Karfreitag mit der Kreuzigung. Das Schweigen der Geschichte am Sabbat und schließlich das Fest der Auferstehung am Ostersonntag.

All das kann mit Kindern wunderbar gestaltet werden. Wollen wir auf etwas verzichten? Sieben Wochen keine Süßigkeiten? Oder wollen wir etwas ganz bewusst machen? Die Aktion »Sieben Wochen ohne« hat jedes Jahr ein anderes Motto: etwa 2023 »Sieben Wochen ohne Verzagtheit«. Da gibt es gute Anknüpfungspunkte mit Kindern, denke ich. Und am Gründonnerstag kann miteinander für die traditionelle grüne Soße geschnippelt werden. Ostereier bemalen, Osterlamm backen, Osternester gestalten – all das macht Kindern großen Spaß.

Als ich Studienleiterin an der Akademie in Hofgeismar war, fiel auch die »Kinderakademie« in meinen Zuständigkeitsbereich. Das waren Wochenenden oder auch Ferienaufenthalte für Familien. In einem Jahr haben wir sie über Ostern durchgeführt. Dabei haben ich lange überlegt, wie wir das gestalten. Wir haben am Freitag mit den Kindern über Trauer gesprochen, auch über Sterben und Tod. Am Samstagabend haben wir Ostereier bemalt, Holz gesammelt, ein großes Osterfeuer angezündet. Von diesem Feuer wurde ein Licht in die kleine Kapelle der Akademie getragen. Und die Kinder haben Nachtwache gehalten, immer eine Stunde. Das war für sie ungeheuer aufregend, und ich fürchte, wir haben alle nicht ausreichend geschlafen. Am Ostermorgen haben die Kinder um fünf Uhr das Licht aus der Kapelle abgeholt und in einer Art Prozession zu der Kirche auf dem Gelände der Akademie geleitet. Ich erinnere mich an einen sehr feierlichen, stillen Zug. Beim aufgehenden Sonnenlicht haben wir den Ostergottesdienst mit den Kindern gestaltet, anschließend gab es zum Abschluss ein leckeres Osterfrühstück. Es war ein eindrückliches gemeinsames Festwochenende.

Osterfeuer – Osternacht – Ostergottesdienst, das sind für Kinder wunderbare Rituale, die auch Großeltern mit ihnen begehen können. Von meiner Mutter kannte ich das Ritual des Schweigens und Lachens am Ostermorgen. Das haben wir übernommen und unsere Kinder still geweckt. Niemand durfte einen Mucks sagen. Das war ungeheuer aufregend. Dann sind wir zu einer Quelle oder einem Bach gefahren oder gelaufen. Dort wuschen sich nacheinander alle das Gesicht mit dem kalten Wasser – danach kam es automatisch zum Osterlachen. Anschließend gab es Osterfrühstück, Gottesdienst und Eiersuchen.

Das Osterlachen ist eine besonders schöne Tradition, finde ich. Dem Tod soll am Ostermorgen ins Gesicht gelacht werden nach dem Motto des Paulus: »Tod, wo ist dein Stachel?« (1. Kor 15,55) So kann die Freude Ausdruck finden, dass der Tod für Jesus nicht das letzte Wort hatte und damit für Christinnen und Christen eben auch nicht. Die Reformatoren haben das Osterlachen leider sehr kritisch gesehen, wohl auch, weil es im Mittelalter offenbar ziemlich obszön und derb erzeugt wurde. Aber im Grunde ist es eine wunderbare Idee. Wie gut, wenn eine Gemeinde lachen kann. Wie traurig, wenn ein Gottesdienst griesgrämig daherkommt.

Ich mag es sehr, folgende Geschichte zu erzählen, die immer zu Heiterkeit führt – die Quelle kenne ich offen gestanden nicht mehr: Jesus ist gestorben. Nikodemus, der ihn sehr geschätzt hat, geht zu Josef von Arimathäa, einem reichen

Bürger Jerusalems. Er bittet ihn, Jesus einen Platz in dessen Familiengrab frei zu machen. Josef zögert, es sei schließlich ein Familiengrab. Da sagt Nikodemus: »Stell dich nicht so an, es ist nur übers Wochenende.« Nach kurzem Zögern gibt es immer Heiterkeit – zumindest in Kreisen, die noch eine rudimentäre Vorstellung der Geschichte des Jesus von Nazareth haben.

Wenn all die Häschen, Eier und anderen Fruchtbarkeitssymbole schon in der Passionszeit dekoriert werden, geht es mir wie mit Advent und Weihnachten. Ostern beginnt eben erst an Ostern. Die Eier können gern bis Pfingsten – fünfzig Tage nach Ostern – an den Bäumen und Zweigen hängen, aber doch nicht vor Karfreitag. Aber wie gesagt, all die Traditionen von Eier bemalen, Eier werfen, grüne Soße und anderes mehr können Großeltern auf eine gute Weise in Vorbereitung auf Ostern mit den Enkelkindern gestalten.

Spaß macht mir bis heute die *Häschenschule* von Albert Sixtus mit Bildern von Fritz Koch-Gotha. Sie ist 1924 entstanden, aber bis heute einprägsam in ihren Reimen und ihrem Wortwitz. Und sie lässt sich leicht auswendig lernen.

Meine Enkelkinder staunen oft, dass ich etwas auswendig kann. Aber ich finde, das ist hilfreich und schön, Texte, Verse, Lieder einfach zu kennen. Selbst wenn ich mal holpere, ist das ein Schatz. Ruth Klüger, geboren 1931, erzählte, dass sie die Gedichte, die sie auswendig wusste, getragen hätten, als sie als jüdisches Kind das Grauen der Vernichtungslager erlebte, in die Nationalsozialisten sie und ihre Mutter verschleppt hatten. Sie war elf Jahre alt. Die vertrauten Verse haben ihr Halt gegeben.

Auswendiglernen wurde lange Zeit als Druck, als Qual empfunden. Aber ich finde, darin liegt auch Freiheit. Was ich auswendig gelernt habe, kann mir niemand nehmen. Und wenn mich Ereignisse im Leben treffen, für die mir die Worte fehlen, dann können es manchmal Texte und Worte anderer sein, die für mich sprechen. Psalmen beispielsweise sind für mich wichtig.

Aber auch Heiterkeit gibt es in Versen, die einfach Spaß machen. Meine Enkelkinder mögen aus der *Häschenschule* vor allem diese Passage:

Hasenmax, der Bösewicht
Konnte heut sein Verschen nicht
Hat gepfiffen und geschwätzt
Hasenlieschens Rock zerfetzt
Eine neue Bank zerkracht
Und dabei noch laut gelacht
In die Ecke muss er nun
Ei, da kann er Buße tun!

Das ist doch auch wirklich lustig. Ein Bösewicht, der in die Ecke muss. Was genau das bedeutet, muss ich den Kindern erklären, das kennen sie zum Glück nicht mehr. Aber sie mögen es: Er muss Buße tun ;-).

Mein Großvater

Mein Großvater hielt mich zur Erde,
damit sie mir ihre Gaben schenke;
dann hielt er mich zum Himmel,
damit mir ein Leben
in Harmonie beschieden sei.

Wo auch immer dieses kleine Gedicht herstammen mag, das mir auf einer Karte zugeschickt wurde, es rührt mich an. Weil es etwas davon zeigt, was Großeltern Enkel lehren können. Was sie ihnen mitgeben an Gefühl für die Schöpfung, für den eigenen Platz im Leben.

Eine der schon genannten Kinderakademien habe ich im Oktober 1993 zum Thema »Wenn ich traurig bin. Gedichte verstehe und selbst gestalten« angeboten. Sie war schnell ausgebucht, und noch heute treffe ich immer wieder Eltern und Kinder, die dabei waren. Es gab eine Schreibwerkstatt für Kinder ab acht Jahren unter der Anleitung von Ute Andresen. Dort lag beispielsweise eine Anleitung zur Erstellung eines »Da-Da-Gedichtes« aus. Kinder lernten, was es damit auf sich hat, und haben fantasievoll Neues erfunden. Oder es konnte ein »Warm-halte-Gedicht« abgeschrieben und in kleine, mit Watte gefüllte Kästchen verpackt werden. Das wurde begeistert genutzt.

Ein Gedicht von Rose Ausländer hat uns damals besonders bewegt:

Und

Und Wiesen gibt es noch
und Bäume
und Sonnenuntergänge
und
Meer
und Sterne
und das Wort
das Lied
und Menschen
und [17]

Die Aufgabe war: »Lies dies und versuche die Struktur des Textes zu verstehen. Dann setze diesen Text fort und schreibe ein Gedicht, das die Struktur des Textes wiederholt oder variiert.«

Die Kinder haben ergänzt:

Und Märchen gibt es noch
und Elfen und
Feen
und
Zwerge
und Drachen
und die Großmutter
den König
und Töchter
und

Oder:

und Menschen gibt es noch
und Autos und
Eisenbahnen
und
Fabriken
und Slums
und Atommeiler
und den Krach
den Schmutz
und Roboter
und

Für eine andere Übung wurden drei Bilder in den Raum gelegt: ein Vögelchen in einer Hand, ein Clown, eine Treppe. Jedes Kind sollte ein Bild wählen und bekam einen Satzanfang: »Hinter der Biegung …« für den Clown, »Dort drüben …« für den Vogel, »Meine Hand …« für die Treppe.

Nur zwei Beispiele:

Magdalena, damals neun Jahre alt, machte daraus:
Einsam
aber in Frieden
gehe ich
die Treppe
hoch

Und Anne-Marie, damals elf:
Einmal
als ich auf den Berg wandern wollte,
hatte ich vor,
die Treppe
zu nehmen.

Doch sie war,
plötzlich verschwunden.
Weg!
Einfach weg.

Am nächsten Tag aber,
war sie wieder,
wie zuvor,
da.

Selbst nach so vielen Jahren erinnere ich mich noch gut an dieses Wochenende. Wir hatten für die Kinder und die Eltern besonderes Papier vorbereitet, schöne Stifte, sogar richtige Füller mit Feder. Mit Kindern Poesie entdecken, ist ein wunderbares Projekt. Davon profitieren nicht nur die Enkel, sondern auch die Großeltern.

Und ja, noch einmal das Auswendiglernen. Es müssen ja keine großen, langen Reime sein. Aber wie anrührend ist es, ein kleines Gedicht aufsagen zu können mit Worten, die uns berühren – auch dann, wenn wir vielleicht im Moment selbst gar keine Worte finden:

Ein kleines Lied

Ein kleines Lied, wie geht's nur an,
daß man so lieb es haben kann?
Was liegt darin? erzähle!

Es liegt darin ein wenig Klang
Ein wenig Wohllaut und Gesang
und eine ganze Seele.

Marie von Ebner-Eschenbach[18]

Das alles sind Anregungen, die Großeltern aufgreifen können. Schöne Stifte, vielleicht ein alter Füller mit Tinte und besonderes Papier laden ein, selbst Texte zu schreiben. All das braucht Zeit und Ruhe, eine entspannte Atmosphäre – Großeltern können sie schaffen.

Himmelfahrt

Deutschlandweit ist Himmelfahrt ein Feiertag. Aber was feiern wir da eigentlich? Und wie können wir das Kindern erklären? »Jesus beamt sich hoch«, meinte einer meiner Enkel. Der andere hat gefragt, ob er mit einer Rakete geflogen ist. Hmm, wie reagieren?

Ich denke, wir können darüber sprechen, dass die Freundinnen und Freunde Jesu ihn am liebsten bei sich behalten hätten. Aber sie konnten ihn nicht festhalten. Sie mussten ihn freigeben für den Himmel. Und Himmel ist für Kinder nach meiner Erfahrung ein schöner Ort. Großeltern könnten sich eine Decke nehmen, in den Park oder den Garten gehen, sich mit den Enkelkindern darauflegen und nach oben schauen. Was siehst du? Wie ist es so im Himmel?

In der Regel ergeben sich schöne Gedanken. Da ist es leicht und unbeschwert. Du fühlst dich frei. Einen Menschen loslassen und dem Himmel anvertrauen, das ist ein guter, heilsamer Gedanke.

An vielen Orten gibt es Prozessionen zu Himmelfahrt. Die können als Weg verstanden werden, den Jesus gegangen ist, den auch die Jüngerinnen und Jünger gegangen sind.

Der »Vatertag«, in Ostdeutschland auch »Herrentag«, der an Himmelfahrt vielerorts gefeiert wird, ist oftmals leider eher ein Besäufnis, ein seltsamer Versuch, ein Gegenstück zum Muttertag zu gestalten. Dabei hatte ich vor Jahren ein wirklich unangenehmes Erlebnis. Ein lutherischer Kollege aus den USA war zu Besuch in Berlin. Am Himmelfahrtstag habe ich ihn mit seiner Frau zu einer dreistündigen Schifffahrt durch die Kanäle eingeladen. Das ist eine interessante Tour, bei der Berlin von ganz ungewohnten Seiten zu sehen ist. Aber ich hatte nicht an »Vatertag« gedacht. Nach dem Gottesdienst ging es an der Jannowitzbrücke los. Auf dem Schiff waren sehr viele junge Männer, die schon angetrunken waren und nicht wirklich gute Lieder schmetterten. Als wir durch Kreuzberg schipperten, drehten sich am Ufer vier sehr wohlbeleibte junge Männer um und zeigten ihren Allerwertesten. Die Gäste aus den USA waren echt schockiert, und ich musste mir alle Mühe geben, diese Bräuche am christlichen Feiertag irgendwie zu erläutern …

Aber wenn Väter an diesem Tag miteinander oder mit der Familie etwas Besonderes unternehmen, kann das auch schöne neue Traditionen schaffen. Vielleicht mit den Kindern in den Wald einen Ausflug machen. Neue Traditionen für die Familie erfinden für diesen Tag.

Kindern kann Himmelfahrt vielleicht so erklärt werden: Jesus entfernt sich von dieser Erde. Die Jüngerinnen und Jünger hatten ihn lieb, konnten ihn aber nicht festhalten. Das war nicht möglich. Doch er bleibt wichtig für die Menschen, die ihn lieben, seine Botschaft weitertragen wollen. Erst mal wissen sie nicht weiter. Aber wenige Tage nach Himmelfahrt werden sie mit neuer Kraft gestärkt, denn es folgt:

Pfingsten

Was an Pfingsten geschah, ist viel schwerer zu erklären als Weihnachten oder Ostern. Das zeigt schon der augenzwinkernde Reim von Bert Brecht so schön: »Pfingsten sind die Geschenke am geringsten. Während Ostern und Weihnachten etwas einbrachten.« Noch nicht einmal Geschenke also! Wie sollen wir für Kinder verständlich beschreiben, was da an Pentekostae, also fünfzig Tage nach Ostern geschah?

Ich denke, wir könnten mit ihnen überlegen, was die Zeit nach dem Tag der Auferstehung für die Jüngerinnen und Jünger bedeutet hat. Niedergeschlagen waren sie, verunsichert und verängstigt. Jesus war tot. Ende und aus. Alle Hoffnungen begraben. Ein paar Leute behaupteten, Jesus als Auferstandenen gesehen zu haben. Frauen hatten erzählt, sie hätten einen Engel gesehen am leeren Grab. Die Jüngerinnen und Jünger sind verwirrt zurückgeblieben. Aber sie haben auch nicht ganz losgelassen, miteinander Gemeinschaft gesucht. Und sie haben sich geöffnet für die Möglichkeiten Gottes.

Pfingsten passiert etwas Besonderes. Plötzlich ist allen klar: Doch, Jesus lebt! Er ist nicht ein für allemal gestorben. Ostern zeigt uns, dass Gott etwas vom Leiden weiß und den Tod kennt. Aber Gott existiert nicht in menschenfernen Welten, sondern will, dass das Leben das letzte Wort hat. Und unter den Männern und Frauen, die Jesus begleitet hatten, bricht Freude, ja Begeisterung aus: Gott ist da, Gott sagt unserem Leben Sinn zu. Genau wie Christus es versprochen hat, begleitet uns Gott auf unserem Weg. Der Heilige Geist gibt uns Kraft zum Leben und Mut zum Sterben. Das haben die Jüngerinnen und Jünger gemeinsam erkannt, in all ihrer Unterschiedlichkeit.

Das muss so aus ihnen herausgebrochen sein, dass jeder sie verstanden hat, als sie davon erzählten. Sie haben begeistert davon gesprochen, wie Gott ihr Leben trägt. Be-geistert im wahrsten Sinne des Wortes. Sie waren angefüllt von Gottes gutem Geist. Aber wie ist das zu verstehen?

Ich finde, es ist einem Haus abzuspüren, welcher Geist dort wohnt. Ob es eine eher kühle Atmosphäre ist oder eine herzliche. Das verstehen Kinder, denke ich: Fühlst du dich wohl oder nicht? Oder Musik: Finde ich sie toll, rührt sie mich an, be-geistert mich das? Auch eine Naturerfahrung kann uns im Innersten treffen, eine Ahnung von Mächten und Gewalten vermitteln, die wir nicht kennen. Oder ein Erlebnis kann einen Menschen zu Tränen rühren. Ein stiller Abend am Meer, das kann unsere Seele antasten.

Da ist etwas am Werk, was wir nicht analytisch greifen können und mit Geist bezeichnen. Solchen Geist können wir wissenschaftlich nicht fassen, er ist nicht herstellbar, nicht käuflich, nicht machbar. Und weil das, was zu Gott gehört, heilig ist, sprechen wir vom Heiligen Geist. Gottes Geist ist daran erkennbar, dass er Menschen bewegt, von Gott, von der Erfahrung mit Jesus Christus zu sprechen. Als Trösterin, als Mutter, fürsorglich wird der Geist wahrgenommen – ein schönes Bild, finde ich. Getröstet werden, sich fallen lassen, neue Kraft schöpfen, das können wir doch alle verstehen.

Oft wird der Geist als Vogel dargestellt. Das soll, denke ich, seine Freiheit zeigen, die Verbindung zwischen Himmel und Erde. Wilhelm Willms sagt:

der heilige geist ist ein bunter vogel
er ist da
wo einer den anderen trägt …
der heilige geist ist da
wo die welt bunt ist
wo das denken und reden und leben
gut ist
der heilige geist läßt sich nicht einsperren
nicht in katholische käfige
nicht in evangelische käfige
der heilige geist ist auch kein papagei
der nachplappert
was ihm vorgekaut wird
auch keine dogmatische walze
die alles platt walzt

der heilige geist
ist spontan
er ist bunt
sehr bunt
und er duldet keine uniformen
er liebt die phantasie
er liebt das unberechenbare
er ist selber unberechenbar[19]

Das beschreibt sehr gut, denke ich, die kreative Kraft des Geistes, die Vielfalt und Buntheit von Kirche, die möglich sein soll. Wenn die ersten Jüngerinnen und Jünger diesen Geist Gottes nicht gespürt, erfahren hätten, dann gäbe es gar keine Kirche! Deshalb ist Pfingsten tatsächlich der Geburtstag der Kirche. Ohne Gottes Geist wären die Jüngerinnen und Jünger stumm geblieben, hätten sich ängstlich weggeduckt, vielleicht geschämt für ihren Glauben. Aber so entsteht ein »Brausen«, die Sache kommt in Bewegung. Und das können wir feiern.

Ich denke, so lässt sich Pfingsten Kindern durchaus erklären. Sie könnten den bunten Vogel malen. Wir können die Tauben als Friedensbotinnen wahrnehmen, die Pfingstgeist verbreiten. Es ist schön, alles bunt zu schmücken, in frohen Farben Brunnen oder Bäume zu verzieren – eine Geburtstagsfeier für die Kirche. Es gibt auch Pfingstfeuer mit Bezug auf die Feuerzungen, mit denen die ersten Christen vom Glauben sprachen. Und mit bunten Bändern geschmückte Birken als Pfingstbäume. Und mancherorts gibt es Pfingstochsen, ein bunt geschmücktes Tier, das vorangeht, wenn das Vieh zum ersten Mal im Jahr raus auf die Weiden getrieben wird. Pfingsten ist auf jeden Fall bunt, vielfältig, ein Fest, das begeistert.

Sommer – Zeit für Spaziergänge, Fragen, Geschichten und Neuland

Am Sommer liebe ich die viele Zeit, die draußen verbracht werden kann. Und ich habe immer wieder erlebt, dass ein Spaziergang eine gute Gelegenheit ist, Fragen zu stellen, die sonst keinen Raum haben. Vielleicht, weil zwei nebeneinander gehen. Da ist es leichter, etwas zu sagen, was sonst schwerfällt. Schön fand ich immer, mit kleinen Kindern an der Hand spazieren zu gehen. Dann kommt schon sehr bald die Zeit, in der sie das nicht mehr mögen, sich zu groß dafür vorkommen.

Sprich ruhig darüber

Mir ist wichtig, Kindern keine Fragen zu verbieten, offen dafür zu sein, Antworten zu finden. Und manchmal auch zu sagen: Ich weiß es nicht. Großeltern müssen nicht so tun, als wüssten sie alles. Das entspricht ja schlicht nicht der Wahrheit. Sie haben Lebenserfahrung, aber nicht auf alles eine Antwort.

Manchmal ist es schlicht wichtig, dass etwas erzählt werden darf. Einer meiner Enkel berichtete auf einem Spaziergang, die älteren Jungen im Kindergarten hätten ihn geärgert. Sie hatten gesagt, er dürfe nicht mitspielen, weil er zu klein sei. Ich habe ihm erzählt, dass ich auch immer zu den Kleinen gehört habe, und ihm geraten: »Das nächste Mal sagst du, ich bin klein, aber oho!« Das fand er super und hat es lachend immer wieder gesagt. Zumindest der Nachmittag war gerettet.

Denn klar ist: Für Kinder ist es nicht immer leicht, sich in Kita oder Schule einzuordnen und zu behaupten. Eine Enkelin von mir hat eine schlimme Zeit durchgemacht, als ihre beste Freundin sich plötzlich abwandte, eine andere war nun wichtiger. Sie fühlte sich ausgestoßen und verraten. Gut, wenn Großeltern dann Zeit haben, zuzuhören und zu erzählen, dass es das auch in ihrem Leben schon gegeben hat. Der Kummer ist groß und will ernst genommen werden. Aber wir können auch sagen, dass so ein Kummer vergehen, es neue Freundinnen geben wird.

Und es ist gut, dass Großeltern etwas anvertraut werden kann. Ein Enkel sagte mir einmal ganz vorsichtig, seine Eltern hätten sich gestritten. Ich konnte ihn beruhigen und ihm sagen, das sei völlig normal. Erwachsene streiten sich manchmal, vertragen sich dann aber wieder – wie Kinder eben auch. Das müsse ihm keine Angst machen. Als es ausgesprochen war, zeigte er sich sichtlich erleichtert.

Kinderfragen sind oft auch Fragen nach Gott und der Welt. Wie wurde die Welt erschaffen? In einem Kinderbuch, das ich geschrieben habe, lasse ich den Großvater mit dem Enkel spazieren gehen. Und dann erzählt der Großvater die wunderbaren Geschichten der Bibel. Aber er weicht auch nicht aus, als es darum geht, dass wir heute wissenschaftliche Erkenntnisse haben, von denen die biblischen Erzähler noch nichts wissen konnten. Mir ist wichtig, Kindern nichts vorzumachen, sondern offen und ehrlich zu sagen, was wir wissen, wo aber auch wir Grenzen haben mit Blick auf die eigene Erkenntnis. Die Geschichten der Bibel reflektieren und erzählen von den Glaubenserfahrungen der Menschen. Und wir verknüpfen sie mit unseren Erfahrungen mit Gott.

Illustration: Stefanie Scharnberg

Solche Kinderfragen betreffen ja auch die eigene Familie. Woher stamme ich, wie sind die anderen mit mir verbunden? In unserem Ferienhäuschen, das alle gern nutzen, gibt es an den Wänden im Treppenhaus jede Menge Fotos in Bilderrahmen. Sie hängen wild durcheinander und ziemlich ungeordnet. Immer wieder stehen meine Enkel auf Treppenstufen und fragen: Und wer ist das? Dann gibt es Gelegenheit zu erzählen. Fotos aus dem Leben ihrer Eltern sind natürlich auch mit dabei und Aufnahmen von ihnen selbst, aus einer Zeit, in der sie jünger waren.

Mich fasziniert beim gemeinsamen Betrachten der Fotos dieses Staunen, das Leuchten in den Augen der Kinder, wenn sie wahrnehmen: Das sind Bilder aus einer Zeit, in der es mich noch nicht gab, aber die anderen schon. Und es sind Leute auf den Fotos zu sehen, die verstorben sind, bevor ich geboren wurde.

Großeltern sind wie Scharniere, die vorangegangene Generationen mit der jüngsten verbinden. Wir erzählen von denen, die vor uns gelebt haben, damit die übernächste Generation noch von ihnen weiß.

Kürzlich rief mich eine Tante an. Eine Verwandte aus Australien hatte sie besucht. Sie konnte ihre Herkunft gar nicht richtig einordnen, die Eltern hatten so wenig erzählt. Und sie fragte: »Kann sie dich nicht mal anrufen? Du kannst das alles besser sortieren, ich verwechsle schon so viel.« Das habe ich gern getan.

Die eigene Herkunft kennen, dich mit deiner Existenz verorten in einer Abfolge von Generationen, das gibt uns Halt und Haltung. Für viele Menschen, die Flucht erleben oder auch auswandern und den familiären Faden verlieren, ist das auch eine Entwurzelung. Es ist gut, zu wissen, woher ich komme.

Als einer meiner Enkel geboren wurde, hatte er genau wie sein Vater ein schwarzes Haar auf dem Nasenrücken. »Da musst du niemals einen Vaterschaftstest machen lassen«, habe ich lachend zu meinem Schwiegersohn gesagt. Sein Sohn. Mein Enkel. Er ist glücklich als Vater, ich als Großmutter – und seine Eltern natürlich auch als Großeltern!

Ein Tag am Meer

Refrain

Text und Musik:
Andreas Helm

1. Opa fängt gleich ganz fest an zu pusten
   Alle Gummitiere bläst er auf
   Beim letzten fängt er heftig an zu husten
   Und im Gesicht ist er ganz blau

2. Alle wollen wir ganz schnell ins Wasser
   Puh, das ist ja ganz schön bitterkalt
   Dann klettern wir auf unsre Wassertiere
   Und kreischen, dass es nur so schallt.

3. Danach holen wir unsere Schaufeln
Graben tiefe Löcher in den Sand
Wir machen große Mauern, hohe Türme
Das wird die größte Burg am Strand.

4. Und wir haben alle großen Hunger
Unser Magen knurrt wie ein Motor
Die Oma holt das Essen aus den Dosen
Und alle schmatzen ihr ins Ohr.

5. Mama sagt, wir machen erst mal Pause
In der Sonne ist es ganz schön heiß
Dann quengeln wir, wir wollen noch was Süßes
Schon gibt's für alle noch ein Eis.

6. Einen Tag am Strand, ja das macht müde
Ganz erschöpft geh'n wir den Weg nach Haus
Der Papa sagt, heut Nacht könnt ihr gut schlafen
Und morgen geht's dann wieder raus.

Refrain:
Ein Tag am Meer, ein Tag am blauen Meer
Da freue ich mich drauf, da freun sich alle drauf.
Da geht's zum Badestrand, da buddeln wir im Sand
Da gibt's für jeden was, ja das macht Spaß.

Spielen

Wenn Großeltern ihre Enkel besuchen oder umgekehrt, steht in der Regel die Begegnung im Vordergrund. Es ist großartig, mit den Kleinen Verstecken zu spielen: »Eckstein, Eckstein …«. Ich hätte nie entdeckt, dass meine Wohnung in Hannover so viele grandiose Verstecke in sich birgt, wenn die Enkel sie nicht gefunden hätten. »Mäuschen mach mal piep …«, die Freude oder auch das Erschrecken beim Auffinden – das sind Glücksmomente. Sie wirken in mir nach, weil es so elementare Erlebnisse miteinander sind, dass sie das Herz erwärmen. Wenn die Enkel wieder weg sind, räume ich ganz bewusst immer erst etwas später das verursachte Chaos wieder auf, weil sich in dem Durcheinander so viel vitales Leben zeigt.

Eine meiner Enkelinnen spielt am liebsten »Schule« – wobei sie immer die Lehrerin ist. Bei »Vater, Mutter, Kind« bin immer ich das Kind. Da muss ich zugeben, nicht wirklich die begeistertste Mitspielerin zu sein. Rollenspiele mag ich nicht so gerne. Aber ich bemühe mich, auch dabei engagiert mitzumachen, weil es meiner Enkelin so viel Freude macht. Und weil mir klar ist, dass dieses Hineindenken in eine andere Rolle die Fantasie fördert, weil es wirklich kreativ ist. Es geht darum, sich vorzustellen wie es wäre, schon älter zu sein oder jemand ganz anderes. Dann ist meine Enkelin plötzlich eine Erwachsene, die Ansagen macht. Ganz neu haben wir dann Spaß daran gefunden, seit ich »Robin« bin. Das ist ein Junge, der nicht so ganz »pariert«, manches missversteht und in bestimmten Situationen einfach gegen den Strich bürstet. Das findet meine Enkelin samt ihrer kleinen Schwester sehr schön.

Seit einiger Zeit hat meine Enkelin »Mensch ärgere Dich nicht« und UNO für sich entdeckt. Solche Spiele am Tisch spiele ich viel lieber! Als sie mit ihrer großen Schwester ein paar Tage in den Sommerferien bei mir war, haben wir das stundenlang gespielt. Spielen macht so viel Spaß! Es ist großartig, das im Alter noch einmal so richtig intensiv genießen zu können. Ohne die Kinder käme ich kaum dazu. Und tatsächlich hat einer meiner Enkel mir jetzt Schach wieder beigebracht. Ich hatte das mal vor langer Zeit mit meiner jüngsten Tochter gespielt, aber völlig vergessen. Der Siebenjährige hatte wirklich den Überblick und Omi in kürzester Zeit wieder zur Mitspielerin gemacht.

Es heißt ja, Enkel seien für Großväter der beste Vorwand, endlich eine elektrische Eisenbahn zu kaufen. Ich kann nur sagen: Ähnliches gilt auch für Großmütter. Ich bin so fasziniert, was es beispielsweise bei Lego inzwischen alles gibt. Da haben mich meine Enkelsöhne auf die Spur gesetzt. So tolle Anleitungen, die schon Vierjährige verstehen. Packungen »3 in 1«, bei denen mit denselben Steinen drei verschiedene Tiere oder Figuren zusammengebaut werden können. Und am Ende die Kreativität, aus den Steinen ganz eigene, neue Dinge zu kreieren. Am 28. Januar ist internationaler Legotag, ich finde, den gibt es zu Recht. Und das ist keine Schleichwerbung, sondern echte Begeisterung …

Spiele im Freien

Gerade die Sommerzeit bietet viel Raum, draußen zu spielen. Wir wissen, dass viel zu viele Kinder heute viel zu bewegungsarm aufwachsen. Gut, wenn die Großeltern Zeit haben, mit ihnen in den Wald zu gehen, auf einem Baumstamm Balancieren zu üben oder auch Pflanzen zu erkennen. Früher habe ich dafür ein Buch genutzt, um mit meinen Kindern Pflanzen zu bestimmen, heute geht es einfach mit einer App. Aber noch immer macht es Spaß, Blätter zu sammeln, zu pressen, dann aufzukleben und zu beschriften. Dafür ein schönes Heft besorgen und die Seiten gestalten, das ist eine wunderbare gemeinsame Sommeraufgabe.

Aber auch die alten, ganz simplen Spiele sind für Kinder spannend. Ich denke an Gummitwist – mitspringen kann ich nicht mehr, aber es bleibt ein Geschicklichkeitsfavorit. Oder Steine »fletchern«. Wie oft hüpft der Stein über das Wasser? An meinem Geburtstagswochenende haben wir alle zusammen Frisbee gespielt, und die älteren Kinder haben ohne jede Ansage der Erwachsenen Rücksicht genommen, damit die jüngeren mitmachen konnten. Bei all diesen Spielen sind auch Ausdauer und Geduld notwendig, das finde ich gut.

Auf der Homepage Großeltern.de gibt es »100 kostenlose Beschäftigungsideen für Kinder«. Da sind viele gute Ideen zu finden. Persönlich bin ich im Basteln nicht sonderlich begabt. Aber einen Hiroshima-Kranich falten kann ich. Dafür gibt es simple Anleitungen im Internet. Und dazu kann die Geschichte von dem kleinen Mädchen Sadako erzählt werden.

Die Geschichte von Sadako

In der japanischen Stadt Hiroshima lebten 1945, kurz vor dem Ende des Zweiten Weltkriegs, etwa eine halbe Million Menschen, darunter auch ein Mädchen namens Sadako. Als es zwei Jahre alt war, wurde eine Atombombe über ihrer Heimatstadt abgeworfen, ihre Familie lebte ungefähr zweieinhalb Kilometer vom Mittelpunkt der Bombenexplosion entfernt. Innerhalb weniger Minuten existierte die Welt, in der sie aufgewachsen war, nicht mehr. Alles war völlig zerstört und niedergebrannt, viele ihrer Nachbarn starben sofort. Sadako lebte – und schien unverletzt.

Es war die erste Atombombe, die jemals gegen Menschen eingesetzt worden war. Niemand in Hiroshima ahnte, wie gefährlich die Strahlung war. Einige Wochen danach erkrankten Menschen an seltsamen Krankheiten. Kein Arzt konnte sie heilen.

Als Sadako zwölf Jahre alt war, überfiel sie eines Morgens auf dem Weg zur Schule eine große Schwäche. Sie fiel hin und blieb einfach liegen. Im Krankenhaus wurde festgestellt, dass sie Leukämie hatte, eine Art Blutkrebs. Auch viele andere Kinder in der Stadt wurden zu dieser Zeit krank, bekamen Leukämie. Die Menschen nannten dies »die Atombomben-Krankheit«. Fast alle, die an Leukämie erkrankten, starben. Sadako wollte nicht sterben! Sie wollte weiter zur Schule gehen, mit den anderen Kindern spielen und wie früher an Wettrennen teilnehmen. Stattdessen musste sie im Krankenhaus bleiben.

Eines Tages bekam Sadako Besuch von ihrer besten Freundin, Chizuko. Diese brachte Origami-Papier mit, faltete einen Papierkranich für Sadako und erzählte ihr eine Geschichte. Davon, dass der Kranich tausend Jahre alt wird. Und dass auch ein kranker Mensch wieder gesund werden kann, wenn er tausend Kraniche faltet.

Sadako nahm sich vor, das auszuprobieren, und faltete von nun an so oft es ging Papierkraniche, wann immer sie dazu Kraft hatte. Auch wenn sie sich einsam oder ängstlich fühlte, faltete sie Kraniche und merkte, dass dies ein guter Weg war, um sich selbst Mut zu machen.

Irgendwann hatte Sadako tatsächlich tausend Kraniche gefaltet, aber es ging ihr nicht besser. Sie hätte niedergeschlagen und wütend sein können. Aber statt aufzugeben, beschloss sie, noch mehr Kraniche zu falten.

Sadako starb am 25. Oktober 1955. Sie schlief friedlich ein, umgeben von ihrer Familie.

Aber die Geschichte ging weiter. 39 ihrer Klassenkameraden gründeten einen Klub und begannen, Geld für ein Denkmal für Sadako zu sammeln. Sie schrieben Briefe und baten jede und jeden, den sie trafen, um eine Spende von 20 Yen (etwa 15 Pfennige).

Das Ganze zog Kreise, im ganzen Land erzählte man sich über die Sadako und die Papierkraniche. Schüler aus 3100 Schulen aus Japan und neun anderen Ländern spendeten Geld. Drei Jahre nach Sadakos Tod wurde das »Kinder-Friedens-Denkmal« gebaut, es steht im Friedenspark mitten in Hiroshima, genau dort, wo die Atombombe niederging.

Es gibt sogar einen Film darüber, mit dem Titel Tausend Papierkraniche. *Etwa sechzig Kinder aus Hiroshima und zwanzig Kinder aus Tokio spielten in dem Film mit. Nach den Dreharbeiten beschlossen sie, als Freunde zusammenzubleiben, und gründeten den »Klub der Papierkraniche«, der sich bis heute um Sadakos Denkmal kümmert. Die Mitglieder besuchen Atombombenopfer und auch andere kranke Menschen, die Hilfe brauchen.*

Kinder aus allen Erdteilen falten Kraniche, ziehen sie auf lange Ketten und senden dies als Zeichen des Friedens nach Hiroshima. Dort werden die Kraniche von Mitgliedern des Klubs am Kinder-Friedens-Denkmal aufgehängt – zur Erinnerung an Sadako und als mahnendes Zeichen.

Die Geschichte von Sadako ist eindrücklich. Wenn wir sie erzählen, ist das eine Möglichkeit, die Erinnerung an das Geschehen in Hiroshima wachzuhalten. Und Origami kann als wunderbare Kunst entdeckt werden.

Fragen nach Gott und der Welt

»Wenn dein Kind dich morgen fragt …« – das war die Losung des 30. Evangelischen Kirchentags, der im Mai 2005 in Hannover stattfand. Sie war anfangs sehr umstritten. »Wird das dann ein ›Kinderkirchentag‹«?, fragten manche abschätzig. Andere erklärten, die Kirche sollte gefälligst Antworten geben und nicht noch mehr Fragen in die Welt setzen. Aber gerade das Fragen erwies sich dann als ungeheuer kreativ. Fragen setzen Gespräche in Gang, bringen Glauben und Zweifel auf den Tisch, führen zu einem Ringen um Antwort.

Der Satz der Kirchentagslosung, der aus dem hebräischen Teil der Bibel stammt, stellt sich in seinem Zusammenhang als ein Ritual dar, das in Israel damals in der Öffentlichkeit oder in der Familie gepflegt wurde: Die jüngere Generation, die Kinder, fragte die Älteren, was diese denn mit Gott erlebt hätten und welche Gründe es für sie, die Jungen, geben könnte, sich an Gottes Gebote zu halten. Und die Älteren begannen von ihren Lebenserfahrungen zu erzählen. Allein die Tatsache, dass der biblische Text an diese Gespräche über Generationengrenzen hinweg erinnert, ist eine wunderbare Entdeckung und Anregung. Viel zu selten sind Erwachsene bereit, zu antworten, von den eigenen Lebens- und Glaubenserfahrungen zu erzählen, von Gott zu reden.

Auf jenem Kirchentag gab es erstmals ein Kinderzentrum, mehr als 12 000 Kinder waren während des Kirchentags dort. Kinder haben Fragen gestellt, Erwachsene um Antworten gerungen. Ich selbst bin während einer Stunde, in der ich dort Rede und Antwort stehen sollte, beim Beantworten der Fragen mehr ins Schwitzen geraten als auf manchem Gesprächspodium mit hochrangigen Fachleuten, auf denen ich in diesen Tagen oftmals vor einem großen Publikum saß. Kinder formulieren Fragen auf eine direkte Weise, die wir Erwachsenen scheuen. Aber letztlich sind es auch unsere Fragen. Es sind die großen, elementaren Fragen nach dem Sinn des Lebens und nach dem Tod, nach Krieg, Schuld, Gerechtigkeit Glück und nach Gott.

Ich habe die Kinderfragen als Sprachschule für mich selbst erlebt – auch weil sie keine ausschweifenden oder abgewogenen Antworten tolerieren.

Wir haben damals viele der Kinderfragen gesammelt. Mich hat bewegt, dass ungefähr ein Drittel sich um Leid und Tod drehte. Etwa: »Mein Opa ist gestorben, weißt du, wo er jetzt ist?« Oder: »Unser lieber Hund ist tot, ich vermisse ihn so!« Oder: »Wir mussten meinen Papa begraben. Kann er mich hören, wenn ich mit ihm rede?« Mir scheint, dass Kinder mit diesen Fragen allzu oft allein gelassen werden. Die Erwachsenen wollen sie schonen, schützen. Aber Kinder bekommen sehr wohl mit, dass es Tod gibt, Böses, Kriege. Mir liegt daran, dass wir Kindern Raum geben, über alles unbefangen zu sprechen, was sie umtreibt.

Woher komme ich überhaupt? Hat Gott die Welt geschaffen? Ich versuche als Erwachsene nie, so zu tun, als ob ich auf alle Fragen Antworten hätte. Ich sage den Kindern, was ich glaube. Wie wichtig mir Jesus ist – und ich erzähle gern die Geschichten von ihm. Auch die großen biblischen Geschichten von Adam und Eva, der Arche Noah, Abraham, Sarah und Hagar erzähle ich. Und dann sage ich, dass ich mich zu Hause fühle in diesem Glauben und dieser Tradition – wie meine Eltern und meine Großeltern.

Ich selbst habe mich immer beheimatet gefühlt in der Kirche, in der großen Familie der Kinder Gottes rund um diese Welt. Das habe ich oft so empfunden bei meinen Reisen im kirchlichen Dienst in viele Länder dieser Erde. Ich kam ja nie als Touristin, sondern als eingeladener Gast einer Kirchengemeinde. Und meistens bin ich allein gereist. Du landest beispielsweise in Japan, einem Land, dessen Sprache und Sitten du nicht kennst. Am Flughafen holt dich jemand ab, und du steigst in sein Auto. Wir kennen uns nicht, aber ich als Gast und er als Gastgeber vertrauen uns, weil wir Geschwister in dieser Familie der Christinnen und Christen sind. Da gibt es beiderseits einen erstaunlichen Vertrauensvorschuss.

Als Reformationsbotschafterin bin ich einmal allein drei Wochen auf Einladung der lutherischen Kirchen dort durch Mittelamerika gereist. Meiner Mitarbeiterin war das so gar nicht geheuer. Aber ich bin stets gastfreundlich empfangen worden. Wir haben wunderbare Gottesdienste miteinander gefeiert, und auch in einem Land wie El Salvador, in dem so viel Gewalt herrscht, wurde mir kein Haar gekrümmt. Und ich habe mich nicht fremd gefühlt. Denn im Gottesdienst kannst du beispielsweise überall ins Vaterunser mit einstimmen. Du kennst die Sprache nicht, aber du weißt, was jetzt gebetet wird.

Deshalb habe ich mit meiner Tochter Lea auch ein kleines Buch mit Kindergebeten herausgegeben. Im Vorwort haben wir geschrieben: »Wir möchten Eltern ermutigen, mit ihren Kindern zu beten. Denn es gibt so viele Gelegenheiten, mit Gott zu sprechen. Wir können um etwas bitten, aber auch unsere Sorgen oder Freude teilen. Und wenn uns Mitgefühl mit anderen umtreibt, dann können wir für sie beten, sie Gottes Fürsorge anvertrauen. Wir sind überzeugt, Beten verändert Menschen und Beziehungen. Wer miteinander betet, erlebt Nähe und Geborgenheit. Wer füreinander betet, ist miteinander verbunden. Das Beten kennenzulernen, kann den Horizont erweitern, zur Selbstreflexion anregen und den Blick auf das Leben anderer lenken.«[20] Ein Beispiel:

Lieber Gott,
bitte pass auf alle auf, die ich lieb habe,
auf alle, die dich brauchen,
auf Menschen und Tiere.

Bitte mach, dass es ihnen gut geht
und sie gesund bleiben.

Ich danke dir für alles, lieber Gott.
Amen.[21]

Wie gross ist die Welt?

Einer meiner Enkel war so fasziniert von einem alten Globus, den der Vorbesitzer in unserem Ferienhäuschen zurückgelassen hat, dass er sich einen zu Weihnachten von mir gewünscht hat. Beim Stöbern habe ich einen Globus mit Tieren aus der jeweiligen Region darauf entdeckt.

Manchmal, wenn ich bei ihm zu Hause bin, schauen wir den Globus miteinander an und reden im wahrsten Sinne des Wortes über die Welt. Wo ist es jetzt heiß, wo ist es kalt? Welche Menschen wohnen dort, welche Tiere und Pflanzen gibt es? Die großen Wüsten, die Gebirge, all das ist ja auch ungeheuer faszinierend.

Ich erzähle dann von Ländern, in denen ich schon war. Und als mein Enkel bei mir in Hannover zu Besuch war, haben wir meine alten Pässe hervorgeholt und geschaut, aus welchen Ländern es Stempel gibt. Das ist spannend für uns beide. Ich erinnere mich an die Reisen, und er staunt über die verschiedenen Stempel. Manche, gerade aus Asien, haben sonderbare Zeichen, andere sind schon halb verblasst.

So eine Reise in die Welt lässt sich auch mit einer Deutschlandkarte oder Europakarte gut unternehmen. Die Kinder bekommen ein Gefühl dafür, wo sie leben. Wo wohnen die Großeltern, Tanten, Onkel, Cousinen und Cousins? Wo waren wir im Urlaub? Und wenn die Enkel älter sind, kann das mit den entsprechenden Spielen, Deutschlandreise, Europareise, vertieft werden. Sicher, Reisen wird heute aufgrund des ökologischen Fußabdrucks inzwischen kritisch gesehen. Meine Reisen in alle Welt waren in der Regel beruflich bedingt. Ich denke, wir sollten in der Tat hinterfragen, wofür und wie wir reisen. Aber auf jeden Fall erweitert das Kennenlernen anderer Länder mit ihren so unterschiedlichen Menschen, Kulturen, Gepflogenheiten den eigenen Horizont.

Einschulung

Jedes Jahr nach den Sommerferien werden in Deutschland rund 800 000 Kinder eingeschult. Das ist ein großer, ein besonderer Tag für sie alle und für ihre Familien. Inzwischen durfte ich das mit den Enkelkindern viermal miterleben. Ich muss sagen: Das Fest ist inzwischen erheblich aufgewertet! Einerseits finde ich das schön, denn solche *rites des passages*, solche Rituale des Übergangs sind für Familien, für die Kinder selbst, aber auch Eltern und Großeltern wichtige Markierungspunkte.

Andererseits ist mir manches auch zu viel. Da werden Ranzentypen verglichen. Schultüten sind voller Geschenke. Es gibt Familien, die Motto-Torten für 200 Euro bestellen. Da zeigt sich schon am ersten Schultag, wer mithalten kann und wer nicht.

Aber trotz alledem: Die Einschulung ist ein Festtag! Da sollten Großeltern präsent sein, gemeinsam mit den Eltern, Paten und anderen Familienangehörigen, Freundinnen und Freunden feiern, dass jetzt ein besonderer und sehr prägender Abschnitt im Leben beginnt. Es ist ja auch schlicht schön, als Familie Feste miteinander zu feiern.

Herbst

Meine Mutter lebte im Alter in einem kleinen Häuschen mit einem großen Ahornbaum davor. Fast jedes Jahr im Herbst kamen wir Töchter mit den Enkeln zu Besuch, um ihr mit dem vielen Laub zu helfen. Meine älteste Schwester hatte dann stets einen Blättertanz auf dem Kassettenrekorder dabei. Wir haben erst einen riesigen Haufen Blätter zusammengeharkt, dann durften die Kinder zu dem Lied hindurchstampfen. Natürlich mussten wir danach alles noch einmal harken und in großen Säcken zum Abtransport vorbereiten. Aber die Kinder erinnern sich bis heute daran. Wie wäre es also mit einem Blättertanz?

Tanz den Blättertanz

Tanz den Blättertanz! Dreh dich, wenn du kannst!
Tanz den Blättertanz! Tanz, tanz, tanz! Tanz den Blättertanz!
Dreh dich, dreh dich ganz!
Tanz den Blättertanz! Tanz, tanz, tanz!

1. Wieg dich sanft im Wind,
weil wir Blätter sind.
Nicht zu geschwind,
leicht wie der Wind.

Tanz den Blättertanz …

2. Wirbel auf und ab,
fall vom Baum herab.
Nicht zu geschwind,
leicht wie der Wind.

Tanz den Blättertanz …[22]

Text und Musik: Stephen Janetzko

Dieses Abschiednehmen von den Blättern tut gut. Die Herbstluft wahrnehmen und wissen: Nächstes Jahr wird dieser Baum wieder austreiben, es wird neues Grün geben. Ein Ritual wie der Blättertanz nimmt die Kinder mit hinein in das Werden und Vergehen der Jahreszeiten.

Sosehr ich den langen Winter manchmal belastend finde, vor allem gegen Ende, so froh bin ich, in einem Land mit Jahreszeiten zu leben, die uns spüren lassen, wie sich die Natur immer wieder verändert. Das Kindern weiterzugeben, vermittelt ihnen auch ein Gefühl von Lebensrhythmus, denke ich.

Sich einordnen – da bin ich!

Als ich mit meiner besten Freundin in unserem Familienferienhäuschen auf Usedom war, erzählte ich ihr von meinen Zwillingsonkeln. Sie fragte nach, ich habe versucht, die Verbindungen aufzuzeigen. Da Almut Familientherapeutin ist, begann sie mit mir ein Genogramm zu zeichnen.

Ich habe das Genogramm in unser Gästebuch geklebt. Denn mich hat das fasziniert: Wer ist mit wem verwandt und wie? Richtige Onkel sind es eigentlich gar nicht, sondern die Cousins meiner Mutter. Wer fühlte sich besonders verbunden? Warum ist meine Großmutter nach dem Krieg ausgerechnet zu dieser Schwester geflohen? Almut und ich haben einen ganzen langen Abend miteinander geredet, und mir wurde klar, wie tief uns diese alten Geschichten prägen.

Jahre später haben meine Schwestern und ich überlegt, ein Treffen mit all unseren Kindern, den Partnern und Enkeln zu organisieren. In den Oktobertagen 2021 wäre unser Vater 101, unsere Mutter 99 Jahre alt geworden. Ein guter Anlass, zusammenzukommen, sich gemeinsam zu erinnern und als Familie zu feiern. Und tatsächlich waren alle da, niemand war verhindert, keiner krank, fast ein kleines Wunder! Meine älteste Schwester hat für das Treffen auf wunderbare Weise ein Erzählbuch mit der Geschichte unserer Eltern erstellt. Eine geflüchtete Frau aus dem Iran, die sie begleitet, hat auf anrührende Weise Bilder dazu gemalt, inspiriert von Fotografien aus alter Zeit.

Am Ende des Büchleins gibt es einen Stammbaum: unsere Eltern, meine Schwestern und ich, unsere Kinder und Enkel, alle sind mit einem kleinen Foto dokumentiert. Meine Schwester und ihre Tochter haben für alle Enkel Puzzles mit dieser Grafik gemacht, die sie mitnehmen konnten. Ein paar Wochen später zeigte mir eine Enkelin, dass sie das Bild gepuzzelt hatte. Dann sagte sie: »Da bin ich!« Sie hat sich eingeordnet in die Familiengeschichte. Ich bin meiner Schwester wirklich dankbar dafür, dass sie das gestaltet hat. Es war eine große Mühe, aber es ist wie ein Vermächtnis, ein Festhalten von Erinnerungen, die sonst irgendwann nicht mehr greifbar sind. Denn oft denken Menschen ja gerade im Älterwerden: »Hätte ich sie doch noch gefragt.«

Ich finde, das ist für Großeltern eine gute, wichtige, einprägsame Aufgabe: Das Kind kann den eigenen Platz finden in der Abfolge von Generationen, sich zugehörig fühlen. Sich einordnen können in eine Familiengeschichte, festzustellen: »Da bin ich!«, das kann Halt geben und Orientierung. Du bist eben kein Zufallsprodukt, sondern Teil eines großen gemeinsamen Ganzen. Es macht Spaß, zusammen einen Stammbaum zu malen und zu erzählen. Ich erzähle beim Betrachten des Bildes von meiner Großmutter und bin doch inzwischen selbst die Omi des Enkelkindes.

*

Oft verletzt die Suche adoptierter Kinder nach ihren biologischen Eltern die Gefühle der sozialen Eltern, die Liebe, Kraft und Mühe investiert haben, diesen Kindern den Weg in das Leben zu ebnen. Im weiteren Umfeld habe ich das miterlebt und auch die Enttäuschung, den Schmerz gesehen, den das für alle Seiten mit sich bringt.

Als ich gebeten war, einen Beitrag über Leihmutterschaft zu schreiben, ist mir überdeutlich geworden, was das für eine Problematik mit Blick auf die Identitätssuche der Kinder mit sich bringt! Da ging die Meldung durch die Presse: Paris Hilton – von Beruf reiche Hotelerbin – hat ein Kind »bekommen«. Eigentlich ein Grund zur Freude. Aber muss sich eine 41-jährige, offenbar gesunde Frau einer Leihmutter bedienen?

Der Verdacht liegt nahe, dass sie ihr Glamourleben nicht neun Monate unterbrechen wollte. Da wird ein Kind bestellt wie das nächste Designermöbel. Denn eine Schwangerschaft ist einerseits schön – andererseits auch mühsam: Übelkeit in den ersten Monaten, körperliche Lasten in den letzten Wochen. Und: Eine Geburt ist auch heute kein Kinderspiel. Hinterher bist du zudem körperlich verändert. Doch eine Schwangerschaft verbindet Mutter und Kind fürs Leben. So habe ich es empfunden.

Leihmutterschaft ist ein riesiges Geschäft geworden. In der Ukraine gibt es inzwischen ein Problem mit Kindern, die erst wegen der Coronapandemie, jetzt wegen des Krieges nicht abgeholt werden. Die austragenden Mütter dürfen die Kinder nicht behalten. Die »bestellenden Eltern« aus China, Israel oder Deutschland können sie nicht abholen. Das zeigt doch das ganze Elend der Leihmutterschaft!

Die ukrainische Kinderwunschklink Biotexcom bietet an, Paaren den »Traum vom eigenen Kind« für 50 000 bis 65 000 Euro zu erfüllen. Leihmutterschaft ist auch mit Samen- und Eizellspende möglich. Wie wird so ein Kind seine Identität finden? Ist die Mutter die Leihmutter – so das Gesetz in

Österreich. Ist die Mutter die soziale Mutter – so das Gesetz in der Ukraine. Ist die Mutter die Eizellspenderin – die bleibt anonym. Ist der Vater der Samenspender – auch der ist oft anonym. Adoptivkinder suchen oft nach ihrer Herkunft. Wo soll ein so zur Welt gebrachtes Kind einordnen, woher es stammt?

Ich kann nachvollziehen, wie sehr Paare darunter leiden, wenn sie Kinder bekommen möchten, das aber nicht möglich ist. Warum nicht ein Kind adoptieren? Erwachsene sollten nicht von ihren Wünschen, sondern vom Kind her denken! Das Kind ist keine Ware. Es wird eines Tages nach der eigenen Herkunft fragen. Was Menschen wie Paris Hilton dann sagen? »Es hat in unser Lebenskonzept gepasst«?

Schon in der Bibel gibt es Leihmutterschaft. So lässt Sarah ihre Sklavin Hagar ein Kind für sich gebären. Glücklich geht die Geschichte nicht aus.

Als Hagar schwanger wird, bricht sich Eifersucht bei Sarah Bahn. Ismael wird geboren. Aber dann wird Sarah selbst schwanger, Isaak kommt zur Welt. Und Sarah bringt ihren Mann dazu, Leihmutter und Kind im wahrsten Sinne des Worte in die Wüste zu schicken. Oder nehmen wir Bilha und Silpa. Beide sind Mägde oder eben auch Sklavinnen von Lea und Rahel, die sich geradezu einen Gebärwettbewerb liefern, um sich die Gunst ihres gemeinsamen Ehemannes Jakob zu sichern. Grausam ist das. Von den Leihmüttern wird nicht mehr viel erzählt. Aber glücklich gehen all diese Geschichten nicht aus …

Insofern ist es schön für Großeltern, zu wissen: Das sind die Kinder meiner Tochter, meines Sohnes. Ich will Blutsbande nicht überhöhen, und der Nachweis der eigenen Abstammung hat ja durch die Nazizeit einen sehr bitteren Beigeschmack. Aber gewiss macht dieses Wissen die Beziehung zu den Enkelkindern leichter. Es gibt, wie gesagt, auch die Theorie, dass Großeltern den Enkelkindern über die Töchter enger verbunden seien, weil da die Abstammung unhinterfragbar ist. Das kann ich mir eigentlich nicht vorstellen. Zumal ich auch Großeltern erlebe, die über Adoptivkinder und Adoptivenkel, ja auch über ehrenamtliche Großelternschaft glücklich werden. Einfach weil es guttut, im Alter Zeit mit Kindern zu verbringen, zu erleben, dass dir Kinder anvertraut werden und Kinder zu dir Vertrauen entwickeln. Und weil wir als Großeltern jedem Kind zusprechen: Du bist einzigartig! Dazu singen wir bei Taufen gern das Lied »Du bist du« von Jürgen Werth. Darin heißt es:

Vergiss es nie: Dass du lebst, war keine eigene Idee,
Und dass du atmest, kein Entschluss von dir.
Vergiss es nie: Dass du lebst, war eines anderen Idee,
Und dass du atmest, sein Geschenk an dich.[23]

Josef und seine Träume

Ein Wochenende der Kinderakademie, die ich schon erwähnt habe, wurde dem Thema »Träume« gewidmet. Ich habe erzählt von Josef, dem großen Traumdeuter der Bibel. Am Freitag ging es nur um ihn. Und es war zu merken: Josef ist auch für Kinder heute eine faszinierende Gestalt. Großes Thema war erst einmal die Geschwisterrivalität. Die dreizehn Geschwister der Familie stammen von vier Müttern und einem Vater – mehr Patchwork geht kaum. Und Josef, der verwöhnte Liebling des Vaters, kommt hochnäsig daher und sorgt für den Neid der anderen. Es war spannend, wie die Kinder sich identifizierten – mit Josef oder mit dem kleinen Benjamin, deren gemeinsame Mutter Rahel bei der Geburt starb. Aber da waren eben auch noch andere Kinder von Mutter Lea; oder der Sklavinnen Bilha und Silpa.

Als die Kinder im Bett waren, ging die Diskussion unter den Erwachsenen weiter. Hab ich ein Lieblingskind? Das war für mich persönlich nie so. Wie gehen wir um mit der Rivalität unter den Kindern? Das ist ja für die Eltern durchaus belastend. Es waren intensive, manchmal fast schmerzliche Gespräche. Ich habe wieder einmal erlebt, dass so eine biblische Erzählung tiefe Lebensweisheit enthält, auch wenn uns von dem Verfasser weit mehr als 2000 Jahre trennen.

Und dann habe ich am Samstag den Kindern erzählt, dass Josef Träume deuten konnte. Wir haben ausgemacht, dass alle versuchen, ihre Träume in der kommenden Nacht beim Aufwachen festzuhalten, damit sie sie später erzählen können. Die Aufregung war so groß, dass manche Kinder gar nicht einschlafen konnten. Und tatsächlich haben einige auf einen Zettel in Stichworten aufgeschrieben, was sie geträumt haben. Sie haben es später erzählt, Bilder dazu gemalt. Wir haben uns gemeinsam gefragt, was Träume bedeuten. Sind es Vorahnungen wie bei Josef, der begriff, dass einer Hungerkatastrophe vorgebeugt werden musste? Ist es schlicht die Verarbeitung von Alltag, den wir erleben? Oder sind Träume einfach nur Schäume, purer Zufall?

Träume aufschreiben, festhalten, überlegen, ob wir nur etwas Erlebtes verarbeiten oder sich damit Lebensthemen erschließen – ich denke, das hat uns alle an diesem Wochenende umgetrieben, ob die Kinder oder deren Eltern.

Jahre später traf ich einen jungen Mann, der als Kind bei dieser Veranstaltung dabei gewesen war. Er erzählte mir, dass er bis heute einen Zettel auf dem Nachttisch hat, auf dem er ganz schnell notiert, was er geträumt hat, bevor er es vergisst. Eine gute Anregung, denke ich, als Großeltern mit Enkelkindern über Träume zu sprechen. Was hast du geträumt? Was erträumst du dir vom Leben? Hast du Albträume?

Erntedank

Viele Kinder in unserem Land haben heute kaum noch Bezug zu Saat und Ernte, vor allem wenn sie im städtischen Umfeld aufwachsen. Das Erntedankfest kann eine schöne Gelegenheit sein, darüber zu sprechen: Woher kommt unser Essen? Wie ist der Weg von der Blüte bis zum Apfel? Wie wird Brot gebacken? Und ja, der Schinken auf deiner Pizza stammt nicht einfach von der Fleischtheke, sondern vom Schwein, das aufgezüchtet und am Ende geschlachtet wurde.

Achtsamkeit im Umgang mit Lebensmitteln zu lernen, wird in einer Wegwerfgesellschaft immer wichtiger. Es ist eine Frage der Verantwortung angesichts globaler Hungerkrisen, und es braucht ganz grundsätzlich einen sinnvollen Umgang mit den vorhandenen Ressourcen, beispielsweise dem Wasser, das zunehmend knapper wird, auch in Europa. Meine Generation ist noch geprägt von den Eltern und Großeltern, die Hunger kannten. So fällt es mir bis heute schwer, Brot wegzuwerfen. Meine Großmutter hat noch den letzten harten Kanten in warme Milch getunkt und gegessen. Mir ist wichtig, mit den Enkelkindern darüber zu reden. Manchmal empfinden sie mich dann als »Meckertante«, denke ich. Beispielsweise wenn ich moniere, dass ein halbes Croissant nach dem Frühstück einfach im Biomüll landet. Aber ich möchte es auch nicht unkommentiert lassen.

Erntedank ist ein guter Anlass für ein Gespräch darüber, dass es nicht selbstverständlich ist, jeden Tag reichlich zu essen zu haben. Dass wir Danke für die gute Ernte sagen, weil dadurch für uns gesorgt ist. Vielleicht gibt es die Gelegenheit, gemeinsam mit den Enkelkindern an einem Feldrand Ähren zu betrachten, zu beobachten, wie ein Samenkorn im Beet wächst, gemeinsam im Garten einen Kürbis zu ernten. Oder darüber zu sprechen, welche Mühe Landwirte haben, um das Feld zu bestellen.

Eine meiner Töchter wohnt in einem Weinanbaugebiet. Als ich vor Jahren am Heiligabend die Jüngste im Kinderwagen spazieren fuhr, sah ich drei Winzer, die jeweils ganz allein und in aller Ruhe die Reben beschnitten haben. Was für eine Mühe! Welche Handarbeit ist notwendig, damit am Ende Weintrauben geerntet werden können. Es ist gut, wenn Kinder etwas davon begreifen, wie viel Arbeit in einem Endprodukt steckt, das sie kaufen. Wie weite Wege Lebensmittel teilweise hinter sich gebracht haben, bis sie bei uns auf den Tisch kommen.

Und es ist auch gut, wenn Kinder lernen, zu unterscheiden. Beispielsweise, was die Tierhaltungskennzeichnungen auf den Packungen bedeuten. Oder dass ein Joghurt, der als »sportlich« und »gesund« angepriesen wird, einen Zuckergehalt von 48 Prozent hat und beide Begriffe deshalb nicht zutreffend sind. Das alles muss natürlich altersgemäß angepasst werden. Bei einer Enkeltochter habe ich erlebt, dass sie, als sie das erst einmal begriffen hatte, großen Spaß daran entwickelt hat, zu schauen: Was ist wirklich in einem Produkt drin?

Es kann zu Erntedank ein Brot miteinander gebacken oder etwas miteinander gekocht werden. Vor allem aber finde ich wunderbar, etwas schön zu dekorieren mit dem, was geerntet wurde. In vielen Kitas wird das gemacht, und alle Kinder können etwas mitbringen. Das gilt auch für die Erntedankgottesdienste, die an vielen Orten Familiengottesdienste sind. Dazu passt immer gut die Geschichte von Noah, der mit seiner Familie und den vielen Tieren die Sintflut überlebte. Am Ende erklärt Gott, er werde nie wieder die Erde zerstören, und gibt mit dem Regenbogen ein Versprechen: »Solange die Erde steht, soll nicht aufhören Saat und Ernte, Frost und Hitze, Sommer und Winter, Tag und Nacht.« (1. Mose 8,22)

Illustration: Stefanie Scharnberg

Auch für die Herbstzeit gibt es ein wunderbares, altbekanntes Gedicht, das nach meiner Erfahrung Kindern viel Freude macht. Mich selbst fasziniert dabei, dass der alte Herr Ribbeck voll Misstrauen war gegenüber dem eigenen Sohn, dessen Geiz ihm offenbar als Charaktereigenschaft bewusst war. Und so denkt er noch im Sterben an die Kinder, an die Enkelgeneration:

Herr von Ribbeck auf Ribbeck im Havelland,
Ein Birnbaum in seinem Garten stand,
Und kam die goldene Herbsteszeit
Und die Birnen leuchteten weit und breit,
Da stopfte, wenn's Mittag vom Turme scholl,
Der von Ribbeck sich beide Taschen voll,
Und kam in Pantinen ein Junge daher,
So rief er: »Junge, wiste 'ne Beer?«
Und kam ein Mädel, so rief er: »Lütt Dirn,
Kumm man röwer, ick hebb 'ne Birn.«

So ging es viel Jahre, bis lobesam
Der von Ribbeck auf Ribbeck zu sterben kam.

Er fühlte sein Ende. 's war Herbsteszeit,
Wieder lachten die Birnen weit und breit;
Da sagte von Ribbeck: »Ich scheide nun ab.
Legt mir eine Birne mit ins Grab.«
Und drei Tage drauf, aus dem Doppeldachhaus,
Trugen von Ribbeck sie hinaus,
Alle Bauern und Büdner mit Feiergesicht
Sangen »Jesus meine Zuversicht«,

So klagten die Kinder, das Herze schwer:
»He is dod nu. Wer giwt uns nu 'ne Beer?«
So klagten die Kinder. Das war nicht recht –
Ach, sie kannten den alten Ribbeck schlecht;
Der neue freilich, der knausert und spart,
Hält Park und Birnbaum strenge verwahrt.
Aber der alte, vorahnend schon
Und voll Mißtraun gegen den eigenen Sohn,
Der wußte genau, was damals er tat,
Als um eine Birn' ins Grab er bat,
Und im dritten Jahr aus dem stillen Haus
Ein Birnbaumsprößling sproßt heraus.

Und die Jahre gingen wohl auf und ab,
Längst wölbt sich ein Birnbaum über dem Grab,
Und in der goldenen Herbsteszeit
Leuchtet's wieder weit und breit.
Und kommt ein Jung' übern Kirchhof her,
So flüstert's im Baume: »Wiste 'ne Beer?«
Und kommt ein Mädel, so flüstert's: »Lütt Dirn,
Kumm man röwer, ick gew' di 'ne Birn.«

So spendet Segen noch immer die Hand
Des von Ribbeck auf Ribbeck im Havelland.

Theodor Fontane (1819–1898)

Wir können mit den Kindern Obstbäume anschauen und fragen: Wer erntet die reifen Früchte?

Mein Onkel erzählte mir, dass kurz nach dem Zweiten Weltkrieg, als die Lebensmittel knapp waren, Obst nur unter strengster Überwachung vom Boden aufgesammelt, aber nicht gepflückt werden durfte. Mein Vater, der damals bei den US-Streitkräften als Automechaniker tätig war, sei dann mit dem ausgeliehenen Jeep diskret gegen ein paar Bäume am Straßenrand »gedotzt«. So, wie ich meinen Vater in Erinnerung habe, kann ich mir das gut vorstellen. 27 Menschen wohnten im Forsthaus und mussten ernährt werden. Da war ein bisschen Nachhelfen bei der Ernte akzeptabel. Heute finde ich es bedrückend, wenn ich sehe, wie Obst einfach vom Baum fällt, verfault, und niemand interessiert sich dafür, während an den Tafeln Menschen anstehen, um Lebensmittel zu erhalten.

Großartig finde ich die Aktion »Gelbes Band«, gefördert vom Bundesministerium für Ernährung und Landwirtschaft (BMEL). Da kennzeichnen Obstbaumbesitzer Bäume mit einer gelben Schleife, um zu zeigen: Hier darf ernten, wer mag. In Niedersachsen gibt es die »Aktion Mundraub«. Auf der Website www.mundraub.org ist eine Karte zu finden, auf der Obstbäume und Sträucher, markiert sind, an denen kostenlos geerntet werden kann. Mit Kindern etwas ernten, es dann zu verarbeiten und zu essen, das braucht Zeit, ist aber ein intensives und unvergessliches gemeinsames Erlebnis.

Winter

Der Winter bringt beides: einerseits Einschränkungen durch Kälte, lange Zeiten der Dunkelheit. Aber andererseits auch Zeit zum Basteln, Vorlesen, Spielen. Wie wäre es mit einem Kinobesuch? Ich durfte mit einem Enkel den allerersten Kinobesuch machen. Wir haben *Schule der magischen Tiere* geguckt, es gab Popcorn und Fanta. Ein tolles Erlebnis für ihn ebenso wie für mich!

Aber auch ein Museumsbesuch kann Spaß machen. Viele Museen sind inzwischen sehr gut auf Kinder eingestellt, die Museumspädagogik macht großartige Angebote. Das gilt auch für die Kirchenpädagogik, die wir im Jahr 2000 in Hannover gegründet haben. Auf www.kirche-entdecken.de gibt es viele Anregungen, mit Kindern Kirchen anzuschauen, zu verstehen, was eine Kanzel ist oder wie ein Altarraum gestaltet ist. Auch die Kinderzeitschrift *Benjamin* gibt gute Anregungen, mit Kindern über Gott und die Welt zu sprechen.

Vorlesen

Für mich ist das wunderbar: Mit den Enkelkindern auf dem Sofa sitzen und vorlesen. Der Winter ist eine besonders gute Zeit dafür. Es gibt so viele gute alte, aber auch tolle neue Kinderbücher. Schon die Kleinsten finden das spannend und gemütlich.

Leider zeigt eine aktuelle Studie: Fast 40 Prozent der Kinder zwischen einem und acht Jahren wird nie oder selten vorgelesen. Das ist eine niederschmetternde Meldung! So viele Kinder, die gar nicht erfahren, was es heißt, sich in eine Geschichte hineinzudenken. Sie können nicht mitfiebern, wie es weitergeht. Machen nicht die Erfahrung, Bilder zum Text zu erkunden. So viele Eltern, Großeltern, Tanten und Onkel, die nicht erleben, wie gut es tut, mit Kindern Fantasie zu entwickeln.

Dazu kommt: Vorlesen schafft nicht nur Beziehung, sondern auch Bildung. Eine andere Studie hat gerade nachgewiesen, dass 28 Prozent der Viertklässler Probleme mit dem Lesen und Textverständnis haben. Es sind wahrscheinlich viele Kinder dabei, denen nicht vorgelesen wurde und die weniger Sprachkompetenz entwickelt haben.

Offenbar müssen etliche Familien ganz neu lernen, wie wichtig und wie schön es ist, mit Kindern in Büchern zu stöbern. Viel zu viele lassen ihre Töchter und Söhne stattdessen ein Tablet oder Handy nutzen oder setzen sie vor den Fernseher. Das kann ja auch mal sein. Aber es ersetzt niemals, mit dem Kind ein Buch zu lesen.

Am 18. November ist Vorlesetag. Ein tolles Projekt, mit dem Menschen zum Vorlesen angeregt werden. Es kann gar nicht genug Kitas, Schulen, Kirchengemeinden geben, die sich daran beteiligen. Wir alle können mitmachen: selber vorlesen und/oder Kinderbücher an junge Familien verschenken. Lasst uns Lust aufs Lesen machen!

Der Winter ist auf jeden Fall eine besondere Zeit zum Bilderbücher Anschauen, Vorlesen, je nach Alter. Dazu gehören für mich auf jeden Fall auch die biblischen Geschichten. Kinder auf der ganzen Welt kennen sie. Für den bene!-Verlag habe ich insgesamt acht Vorlesebücher geschrieben, Stefanie

Scharnberg hat die Illustrationen beigesteuert. Ich habe die Texte jeweils mit meinen Enkeln getestet. Es war eine Herausforderung, etwa die ganze Mosegeschichte so zu erzählen, dass sie auch in knapper Form »rund« wird. In dem Fall habe ich mich entschieden, die große Schwester, Miriam erzählen zu lassen. Bei der Arche Noah habe ich überlegt, dass eine Maus die beste Erzählerin ist, weil sie flink auf dem Schiff in alle Ecken kommt. Als ich die biblischen Geschichten so umgesetzt habe, wurde mir wieder bewusst, wie elementar sie sind! Sie beschreiben tiefe Beziehungen, Krisen und auch Gottvertrauen. Gut, wenn wir sie weitertragen von Generation zu Generation!

Martinstag

Der Martinstag ist aufregend für Kinder. Meist werden in den Kitas Laternen selbst gebastelt. Schön, wenn die Großeltern mit den Kindern am Martinstag die altbekannten Lieder singen. »Ich geh mit meiner Laterne« oder »Laterne, Laterne, Sonne, Mond und Sterne«.

Und wie gut, auch die Geschichte von Martin zu erzählen. Es geht um den Bischof Martin von Tours, der am 11. November 397 beerdigt wurde. Es gibt über ihn verschiedene Legenden, das Brauchtum zum Martinstag ist aus unterschiedlichen Wurzeln entstanden. Aber die Grundgeschichte von Martin, der als römischer Soldat seinen Mantel mit einem Bettler teilte, ist für Kinder gut nachvollziehbar. Bei dem Mantel handelte es sich um ein Chlamys, ein großes dreieckiges Tuch, das damals auch von Soldaten als Schutz vor der Kälte genutzt wurde. Das ließ sich gut teilen, anders als ein Mantel, wie wir ihn heute kennen. Da ist also ein Mann, der friert. Und ein anderer reitet nicht einfach vorbei, sondern erbarmt sich seiner im wahrsten Sinne des Wortes.

Als Martin begriff, dass er in dem Bettler Jesus Christus begegnet war, wollte er nicht länger Soldat sein und wurde ein bescheidener Mönch. Beim Volk aber war er so beliebt, dass er zum Bischof geweiht werden sollte. Martin fand, er sei dafür nicht geeignet, und versteckte sich in einem Gänsestall. Doch die Gänse schnatterten so laut, dass man Martin fand und zum Bischof von Tour weihte.

Sicher, es sind Legenden. Doch die haben in der Regel einen wahren Kern. Und die Laternenumzüge – oft mit vorausreitendem Martin auf dem Pferd –, die Lieder, die Martinsfeuer und auch das Gänseessen sind wunderbare Traditionen. Vor einigen Jahren durfte ich auf dem Domplatz in Erfurt am Martinstag eine Ansprache halten. Dort kommen wirklich Tausende Kinder mit ihren Laternen zusammen, ein eindrückliches Fest für alle. Seit 2018 gelten Martinsumzüge als immaterielles Kulturerbe im Sinne der UNESCO.

Es gibt übrigens auch Kritik an der Martinstradition. Es gehe um eine »Top-down-Geschichte«, in der ein Reicher sich zu einem Armen herablässt und dafür auch noch gefeiert wird.[24] Auch darüber lässt sich mit Kindern gut reden. Je älter sie werden, desto mehr treibt sie das ja um: Was für eine Ungerechtigkeit, dass die einen alles im Überfluss haben und andere hungern und frieren müssen. Interessant finde ich, den Bezug zu Matthäus 25 herzustellen, dort heißt es in der Bibel: »Ich war nackt und ihr habt mir Kleidung gegeben.«

Martin tut das, was von einem Christen erwartet wird. Und dabei begegnet er im Nächsten Jesus Christus. Und wie reagieren wir, wenn wir Bettler sehen? Ist es richtig, ihnen etwas zu geben? Auf jeden Fall bietet der Martinstag neben schönen Traditionen auch viel Gesprächsstoff.

Namen

Ob evangelisch oder nicht – es ist für die Kinder auch spannend, dass Martin Luther wegen des Martinstags seinen Namen hat. Er wurde am 10. November 1483 in Eisleben geboren und einen Tag später, am 11., dem Martinstag, dort getauft. Es war damals üblich, so schnell wie möglich nach der Geburt zu taufen, weil Eltern Angst hatten, ungetaufte Kinder könnten keinen Zugang zum Himmel haben, wenn sie plötzlich versterben. Das finde ich eine traurige Gottesvorstellung, aber sie saß tief.

Martin Luthers Tauftag könnte Anlass sein, zu fragen: Woher hast du deinen Namen? Hat er eine Geschichte? Gibt es andere, die denselben Namen haben?

In katholischen Gegenden wurden Kinder oft nach dem Heiligen des Geburts- oder Tauftages benannt. Manche Familien haben die Namen von Generation zu Generation weitergeführt. So hieß mein Vater wie sein Vater und Großvater Robert. Und der kleine Junge, der ein Jahr vor mir geboren wurde, aber als Frühchen verstarb, wurde auch auf den Namen Robert getauft.

Noch eine schöne Martinsgeschichte kann erzählt werden. Der Vater des berühmten US-amerikanischen Baptistenpfarrers Martin Luther King, dessen Großvater noch Sklave gewesen war, nahm 1934 am Weltkongress der Baptisten in Berlin teil. Er hatte sich hochgearbeitet vom Hilfsmechaniker einer Autowerkstatt zum Prediger der Ebenezer-Gemeinde in Atlanta. In Deutschland war er so beeindruckt vom Erbe Martin Luthers, dass er selbst dessen Namen annahm und seinen fünfjährigen Sohn Michael ebenfalls nach dem Reformator umbenannte. Das wäre in Deutschland heute so einfach gar nicht möglich. Auf jeden Fall zeigte der Vater eine Leidenschaft in Glaubensfragen, die sein Sohn eines Tages für alle Welt öffentlich zugänglich machen sollte.

So kann der Martinstag auch Anlass für Gespräche über den eigenen Namen sein. Hat mein Name eine Bedeutung? Wer auf der Welt, in der Geschichte heißt auch wie ich? Warum haben meine Eltern diesen Namen gewählt? Bin ich getauft? Wenn ja, wann? Wie war das Fest damals? Oder will ich mich irgendwann taufen lassen?

Taufe

Die Taufe eines kleinen Kindes ist immer ein wunderbares Fest. Diese Erfahrung, das Kind im Leben zu begrüßen, zu feiern, dass dieser kleine Mensch geboren ist, ihn mit seinem Leben Gott anzuvertrauen und zu segnen, das geht wirklich zu Herzen. Eine ganze Familie freut sich über dieses Wunder des Lebens. Und das Kind wird aufgenommen in die noch größere Familie der Kinder Gottes. Es wird ja versucht, die Konfirmation im nicht religiösen Umfeld durch die Jugendweihe zu ersetzen. Für die Taufe aber gibt es keinen Ersatz. Dabei ist so ein Begrüßungsfest für ein neugeborenes Kind für eine Familie ja auch ein Ereignis, das Generationen zusammenführt.

Ich durfte alle meine sieben Enkelkinder taufen. Mir ist das wichtig, und ich freue mich, dass meine Töchter und Schwiegersöhne bewusst in dieser Glaubensgemeinschaft stehen. Bei der letzten Taufe musste ich lachen, weil die vielen Kinder sich in der kleinen Kirche derart unbefangen bewegten, dass der Küster hinterher zu mir sagte: »So eine fröhliche Taufe habe ich noch nie erlebt.« Und mir ging es auch so. Es war ein rundherum glückliches Fest.

Wenn wir Säuglinge oder Kleinkinder taufen, können sie noch nicht bewusst *Ja* sagen zum christlichen Glauben. Deshalb lassen manche Eltern ihre Kinder nicht taufen. Sie sollen eines Tages selbst entscheiden, ob sie das wollen. Aber wir geben unseren Kindern doch auch unsere Sprache, unsere Kultur, unsere Werte mit auf den Weg! Warum nicht auch unseren Glauben? Wenn sie mit vierzehn Jahren religionsmündig sind, können sie frei und selbstständig entscheiden, ob sie diesen Glauben teilen wollen oder auch nicht. Und theologisch betrachtet wird bei der Säuglings- oder Kleinkindtaufe deutlich, dass Gott uns Liebe zusagt, ganz gleich, ob wir etwas leisten können oder nicht. Die Gnadenzusage ohne Vorleistung wird sinnbildlich, wenn ein Säugling getauft wird und Eltern und Patinnen oder Paten erklären, dass sie ihm ihren Glauben auf den Lebensweg mitgeben wollen.

Inzwischen gibt es öfter Taufanfragen von Kindern, die schon zur Schule gehen, aber noch nicht religionsmündig sind. Das finde ich spannend, zweimal habe ich so getauft. Es geht

um Kinder, die in der Kita oder Schule etwas vom Glauben hören, über das Christentum lernen und sagen: Ich will dazugehören. Natürlich müssen die Eltern dann zustimmen. Nie werde ich vergessen, wie aufgeregt ein fünfjähriges Mädchen bei seiner Taufe war. Ich habe wie vorgeschrieben dreimal Wasser über ihr Haupt fließen lassen. Anschließend rief sie ihrer Großmutter zu: »Margot hat mich gleich dreimal getauft!«
Bei einer Zehnjährigen war die ganze, große und weit verstreute Familie angereist. Dem Mädchen war es zur Überraschung seiner Mutter, die keinerlei kirchliche Erfahrungen hat, mit seinem Taufwunsch sehr ernst. Und so sang und betete der väterliche Teil der Familie mit, der mütterliche Teil fühlte sich etwas fremd, war aber wohlwollend dabei. Aber am Ende waren alle glücklich über diese wunderbare Feier, die auf den Wunsch des Mädchens hin stattgefunden hatte.

Volkstrauertag

Als Jugendliche habe ich mit dem Posaunenchor am Volkstrauertag jedes Jahr am Denkmal für die gefallenen Soldaten »Ich hatt' einen Kameraden« gespielt. Zur Kranzniederlegung gab es heldenhaftes Gedenken in einer Rede. Der Tag hieß damals auch noch Heldengedenktag. Mir war das immer etwas unangenehm. Da war ein Störgefühl: Irgendetwas stimmt hier nicht. Heute ist mir klar, woher die Verunsicherung rührte. Da weinten alte Männer um einen Kameraden, den eine Kugel neben ihnen getötet hatte. Im Lied heißt es: *»Eine Kugel kam geflogen, gilt's mir oder gilt es dir? Ihn hat es wegge-*

rissen, er liegt mir vor den Füßen, als wär's ein Stück von mir. Will mir die Hand noch reichen, derweil ich eben lad. Kann dir die Hand nicht geben, bleib du im ew'gen Leben mein guter Kamerad.« Als Loblied auf Kameradschaft und Treue wird das gesehen. Aber wo ist die Empörung über den Krieg?

Als ich mit meinem Partner Andreas in Verdun war, ist mir diese Empörung noch einmal bewusst geworden. Es gibt das sogenannte Beinhaus von Douaumont. In der Schlacht von Verdun wurden in 300 Tagen und Nächten 26 Millionen (!) Granaten verschossen. Tausende von zerfetzten, nicht mehr identifizierbaren Körpern blieben zurück. 300 000 deutsche und französische Soldaten wurden als vermisst gemeldet. In dem Beinhaus sind die Knochen von etwa 130 000 Menschen aufbewahrt. Mir wurde an diesem Tag die ganze Grausamkeit und auch Absurdität von Krieg noch einmal offensichtlich. So viele junge Männer vereint im Grab. Gestorben wofür?

Sind Soldaten wirklich Helden oder nicht auch Opfer – von Nationalismus, von Ideologie? Und wer gedenkt der anderen Opfer, der Frauen, der Kinder? Wie können Denkmäler uns wirklich zum Denken bringen, Mahnmale werden? Ich bin Schirmherrin eines Projektes von Wolfgang Kastner. Sein Institut für Kunst und Forschung ist immer wieder solchen Denkmälern auf der Spur. Er macht Vorschläge, wie sie so verändert werden könnten, dass nicht Heldentum verehrt, sondern der Opfer gedacht wird.

Kinder haben Angst vor Krieg. Und gerade seit dem Angriffskrieg Russlands auf die Ukraine ist ihnen bewusst, wie nah Krieg kommen kann. Viele erleben in Kita und Schule die Anwesenheit von Kindern, die aus der Ukraine fliehen mussten.

Der Volkstrauertag kann ein guter Tag sein, zu einem Kriegsdenkmal zu gehen, es gibt sie überall. Wir können mit den Kindern die Inschrift entziffern, fragen, was uns Vorübergehenden damit gesagt werden soll. Wir können darüber sprechen, was Krieg bedeutet. Vielleicht lässt sich ein Bild malen, mit dem wir mit dem Kind das Heldengedenkmal zu einem Mahnmal gegen Krieg und Gewalt umgestalten. Ein Mahnmal, das zeigt: Am Ende sind alle Opfer im Krieg. Und deshalb müssen wir alles tun, um Krieg zu verhindern.

Das kann auch zu einem Überlegen führen, wie Kinder Waffen sehen. Gerade Jungs spielen gern, sie hätten eine. Schon mit dem Stock fängt es an, peng, peng. Schwerter sind oft früh gefragt. Kämpfen als Ninjago oder auch Batman ist angesagt. Das lässt sich nicht verbieten, denke ich. Aber besprechen. Und wir können fragen, ob eine Auseinandersetzung nicht auch geht, ohne andere zu verletzen. Im Fußballspiel, durch Ringen mit Regeln. Und durch klare Zeichen: stopp. Jetzt muss es genug sein. Als ich einen Enkel vom Kindergarten abholte, habe ich das gesehen. Ein Junge kreuzte die Arme und sagte laut: »Schluss!« Mein Enkel erklärte mir, das sei eine Regel: Wenn ein Kind diese Geste macht, müssen alle aufhören mit der Rangelei. Das hat mir imponiert. Einem wird es zu viel, und bevor die Sache eskaliert, ist Schluss.

Ewigkeitssonntag

Ich erinnere mich gut an die Samstagnachmittage meiner Kindheit. Meine Mutter machte sich auf zum Friedhof, um »die Gräber zu versorgen«. Und ich fuhr gerne mit. Wir haben Unkraut gezupft, den Grabstein poliert, neue Blumen gepflanzt. Und oft bin ich auch umhergelaufen, habe mir Grabsteine angeschaut. Für mich war der Friedhof ein unbefangener Ort, den ich gern mochte, ja, er war spannend.

Als sie neun Jahre alt war, bat mich meine älteste Enkeltochter, mit ihr den Friedhof ihres Dorfes zu besuchen. Sie war einfach neugierig darauf. Wir waren dann fast zwei Stunden dort, es war ein schönes gemeinsames Erlebnis. Sie hat unbefangen alles wahrgenommen: Es gibt ein ansprechend gestaltetes Kolumbarium. Das ist in Deutschland ja relativ neu, wir kennen es eher aus Südeuropa. Dabei handelt es sich um ein Bauwerk mit Nischen, in denen neben- und übereinander Urnen aufbewahrt werden. Auf den Nischen sind die Namen samt den Geburts- und Sterbedaten festgehalten. Mancherorts werden Kolumbarien inzwischen auch in Kirchen gestaltet.

Wir haben die Kriegsgräber wahrgenommen. So viele junge Männer, die gestorben sind! Bei den Familiengräbern haben wir überlegt: Wer war Vater, wer Mutter, wer Kind? Wann, in welcher Reihenfolge sind sie gestorben? Die Jahreszahlen waren alle noch gut zu entziffern. Meine Enkelin las sie manchmal auch laut vor. Und zu ihrer Faszination gab es Familiennamen, die es heute im Dorf auch noch gibt. Auch ein Kindergrab haben wir entdeckt. Das Kind war im Jahrgang ihrer Mutter geboren und im Alter von zwei Jahren verstorben. Das hat meine Enkelin sehr beschäftigt. Was, wenn ihre Mama als Kind gestorben wäre, dann hätte es sie nie gegeben …

Am Ende der Erkundungen meinte meine Enkelin, es sei ja eigentlich schade, dass niemand aus ihrer Familie hier auf dem Friedhof liege. Es war klar, dass sie niemandem den Tod wünschte – sie hat dort so etwas wie Beheimatung empfunden. Der Theologe Fulbert Steffensky hat das einmal so ausgedrückt: »Heimat ist da, wo wir die Namen der Toten kennen.« An diesem Nachmittag war das für uns beide zu spüren. Der Friedhof ist Teil der Geschichte und der Erinnerungskultur des Ortes.

Es ist auch ein Zeichen von Heimatlosigkeit, dass so viele Menschen heute ihre Asche anonym verstreuen lassen. Niemand soll mit Grabpflege belastet werden. Aber eigentlich ist das abgrundtief traurig. Denn so ein Friedhof ist ein Ort des Friedens. Schön, wenn Großeltern ihn mit den Enkeln entdecken. Der Ewigkeitssonntag kann ein guter Tag dafür sein. Und für Gespräche über Leben und Tod, über Gott und die Welt.

Mit diesem Sonntag in der »stillen Zeit« endet der Kirchenjahreskreis. Wir gehen wieder auf den Advent zu. Es ist gut, wenn Kinder diesen Rhythmus kennen. Es gibt diese ruhigen, nachdenklichen Tage. Und danach zünden wir im Advent Kerze um Kerze an, bis es wieder Weihnachten wird.

Kinder haben ihre eigenen Vorstellungen – und das ist gut so

Als Großmutter habe ich den Eindruck, dass ich Kinder bewusster wahrnehme in ihrer Entwicklung, ihrer Eigenart. Nicht, dass Eltern das nicht täten! Aber mit der Distanz über eine Generation hinweg und dem Abstand, sie nicht den ganzen Tag um mich zu haben, staune ich, wie verschieden sie sind, selbst wenn sie im selben Haushalt mit denselben Eltern aufwachsen. Sie sind ganz eigene Persönlichkeiten aus sich heraus, nicht nur, weil sie geprägt oder erzogen werden.

In der Bibel sind sie meist mitgemeint, sie sind schlicht anwesend in ihrer Gesellschaft der biblischen Zeit. Von ihnen wird wenig berichtet. Mir ist das einmal deutlich geworden, als wir über das Gleichnis der Arbeiter im Weinberg nachdachten. Ein Exeget erklärte, dass da eben nicht nur Männer am Straßenrand darauf warteten, für eine Arbeit angeheuert zu werden, sondern auch Frauen und Kinder. Ebenso können wir uns vorstellen, dass Kinder dabei waren, wenn Jesus redete. Einmal werden sie dabei im Neuen Testament explizit genannt, im sogenannten Kinderevangelium, überliefert bei Markus 10,13–16 (parallel bei Lukas, Kapitel 18):

»Und sie brachten Kinder zu ihm, damit er sie anrühre. Die Jünger aber fuhren sie an. Als es aber Jesus sah, wurde er unwillig

und sprach zu ihnen: Lasst die Kinder zu mir kommen und wehret ihnen nicht; denn solchen gehört das Reich Gottes. Wahrlich, ich sage euch: Wer das Reich Gottes nicht empfängt wie ein Kind, der wird nicht hineinkommen. Und er herzte sie und legte die Hände auf sie und segnete sie.«

Hier geschieht etwas Revolutionäres. Der Theologe Hans Ruedi Weber erläutert: »Die grundlose Liebe Gottes, die den Kindern durch Jesu Reden und Handeln zugesagt wird, stellt die griechischen wie die jüdischen ›Weltordnungen‹ auf den Kopf. Kinder erhalten einen Ehrenplatz, wenn menschliche Wirklichkeit in der Perspektive des Reiches Gottes gesehen wird.«[25] Das finde ich hoch spannend. Kinder nehmen dann nicht die letzte Stelle in der Rangordnung ein, sondern stehen ganz vorn mit ihrem Vertrauen, ihrer Lebenshaltung.

Das ist mir persönlich wichtig. Klar, ich bin die Erwachsene. In der Zeit, in der ich Verantwortung für Kinder habe, muss ich darauf achten, dass sie keinen Unsinn anstellen, versorgt sind. Etwa: Mütze auf im Winter, keine Rauferei, Aufpassen im Straßenverkehr. Aber ich will sie wahrnehmen als Individuen. Sie sind nicht einfach »die Kleine« oder »der Süße«, sondern mit ihrem Namen Subjekte. Ihre Fragen sind ernst, ihre Gedanken sind es wert, gehört zu werden. Es muss eine Balance geben zwischen alten Erziehungsmethoden, in denen Kinder zu schweigen hatten, mit ihnen nicht gespielt wurde und sie keinesfalls verwöhnt werden durften einerseits, und der Einstellung, dass die Kinder mit ihren Bedürfnissen ganz und gar im Vordergrund stehen, andererseits.

Interessant am Kinderevangelium ist, dass Kinder als Subjekte gesehen werden. Ich bin überzeugt, dass wir tatsächlich als Erwachsene von Kindern lernen können. Das gilt für den ganz banalen Alltag, aber auch für kirchliche Aussagen. In vielen Fällen ist unsere Rede vom Glauben derart komplex geworden, dass sie Menschen nicht berührt. Das Denken der Kinder kann uns helfen, weil es wesentlich weniger abstrakt daherkommt als das von uns Erwachsenen. Das fängt schon an, wenn – wie eine Mutter kürzlich erzählte – ihr Sohn fragt: »Wenn du stirbst, krieg ich dann dein iPad, Mama?« Klar, da kann Empörung die Reaktion sein. Aber auch ein heiteres Lachen!

Die Rede von den »Kindern Gottes« bezeichnet nicht ein Verhältnis der Unmündigkeit, sondern der Zuwendung. Gotteskindschaft meint als Begriff keine Entmündigung, sie bezeichnet eine Beziehungsrealität, die von Vertrauen geprägt ist. Das »Kind« wird gerade nicht kleingemacht, sondern ernst genommen. Ja, mehr noch, Gott selbst kam als Kind zur Welt. Gott ist sich nicht zu groß, Kind zu sein.

Kürzlich fragte mich eine Frau, ob man irgendetwas über die Kindheit Jesu wisse. Darüber hatte ich noch nie nachgedacht. Gewiss, da ist die Flucht nach Ägypten, von der Matthäus erzählt. Er war offenbar ein ganz normales Kind im Hause seiner Eltern in Nazareth. Dass er der Älteste einer Reihe von Schwestern und Brüdern war, davon erzählen die Evangelien. Er lehrte im Tempel, da war er wohl vierzehn. Aber ansonsten wissen wir nichts. Schade eigentlich, denn diese Zeit muss prägend für ihn gewesen sein. Dass die Evangelisten sich nicht dafür interessierten, als sie die Geschichte seines Lebens und Wirkens aufgezeichnet haben, ist ein Zeichen dafür, dass die Erfahrungen von Kindern damals schlicht nicht für wichtig erachtet wurden.

Kinder verstehen aber durchaus etwas von Theologie. Sehr schön zeigt das folgende Geschichte: Ein Pfarrer hat einen wunderbaren Apfelbaum. Die Kinder klauen ständig die schönsten Äpfel. Er rammt ein Schild in den Boden: »Gott sieht alles!« – das ist der drohende, Angst erzeugende Donnergott so mancher Kindheit. Die Kinder aber haben ihre Lektion gelernt und schreiben darunter: »Aber Gott petzt nicht!«

Das Lernen von Kindern eröffnet mir immer wieder neue Welten, nicht nur theologisch. Meine Enkelkinder erklären mir, was Trippeln im Fußball bedeutet und wie sich ein Torwart richtig ins Zeug legt. Und ja, so sind sie, die vier Jungen. Ich denke nicht, dass sie mit Männlichkeitsvorgaben erzogen werden. Und auch nicht, dass Mädchen zu Mädchen gemacht werden. Sicher, da ist der Einfluss von außen. Aber wenn ich sehe, welchen enormen Bewegungsdrang Jungen haben und wie geduldig Mädchen mit mir Klebebilder gestalten, denke ich, es braucht schlicht auch Respekt vor der Verschiedenheit der Geschlechter.

Natürlich bereiten Kinder uns auch Sorgen, weil wir darum wissen, dass sie verletzlich sind und damit auch uns verletzlich machen. Das ist schon bei den eigenen Kindern so, aber bei den Enkeln auch. Da ist die Sorge bei Krankheit. Das schlechte Gewissen, falls ich nicht da bin, wenn sie mich brauchen. Der verpasste Telefonanruf und die Frage, die bleibt, wenn beim Rückruf niemand erreichbar ist: Ist etwas passiert? Und wenn ich meine Enkelkinder betreue, für sie verantwortlich bin, habe ich den Eindruck, ich bin bei ihnen vorsichtiger als früher bei meinen vier Töchtern, weil es schrecklich wäre, wenn ihnen in meiner Obhut etwas zustößt.

Ja, Kinder sind ein großes Glück, ein Segen, aber eben auch eine ungeheure Belastung. »Heute weiß ich erst, was meine Eltern damals geleistet haben«, sagte mir kürzlich eine junge Mutter. Ja, wer Kinder bekommt, verzichtet auf vieles. Aber nichts im Leben ist wohl so prägend, wie Kinder aufwachsen zu sehen, das Leben mit ihnen zu teilen. Wenn Senta Berger dann sagt, Enkel seien »das Sahnehäubchen« auf dem Leben, kann ich ihr nur zustimmen.

Klar ist: Kinder und Jugendliche suchen Orientierung an Erwachsenen. Sie wollen wissen, was Erwachsene glauben, wo sie Halt finden, um für sich selbst einen Weg zu finden – in Identifikation oder auch Abgrenzung. Darin liegt natürlich auch eine große Chance, gerade für Großeltern. Dabei müssen die Vorbilder nicht immer gleich Heilige sein. Aber erkennbar sollten sie sein mit ihren Schwächen und Stärken.

Meine Großmutter hatte offensichtlich für jede Lebenslage einen Bibelvers parat. Wenn es Ärger und Auseinandersetzungen gab, hieß es: »Lass die Sonne nicht über deinem Zorn untergehen – schrieb schon der Apostel Paulus an die Epheser!« Ach, was konnten wir dagegen schon sagen? Gab es Streit mit den Eltern, wurde das vierte Gebot herbeigeholt: »Du sollst Vater und Mutter ehren.« Ich erinnere mich, dass ich mit meiner Cousine einmal am Karfreitag ins Kino gehen wolle. Nichts da: »Du sollst den Feiertag heiligen!« Eben dieses Gebot konnte sie allerdings auch zitieren, wenn es an ihrem Geburtstag Windbeutel mit Sahne gab. Und bei Familienkonflikten zitierte sie ihren Trauspruch aus Epheser 4: »Seid fleißig zu halten die Einigkeit im Geiste durch das Band des Friedens.« Damit sei sie in ihrer Ehe und im Leben gut gefahren …

Ja, das konnte schon anstrengend sein. Nervend fanden wir das manchmal, überfromm. Und fordernd konnte Großmutter auch sein, sie hat das vierte Gebot durchaus in Anspruch genommen, etwa gegenüber meiner Mutter, bei der sie eine zeitlang wohnte, als sie älter wurde. Aber sie hatte einen Standpunkt, der ihr offensichtlich geholfen hat, zwei Weltkriege durchzustehen; die Verschleppung des Ehemannes, die Flucht aus Hinterpommern, den Neuanfang ohne jeden Besitz mit Kindern und Enkeln in Hessen. Das hat mir imponiert. Sie hatte im christlichen Glauben Halt gefunden, warum sollte das nicht auch Halt für uns bieten? Diese Vorbildfunktion in Glaubensfragen sollten wir nicht unterschätzen. Ja, auch heute suchen Kinder und Jugendliche erwachsene Menschen, an denen sie sich orientieren können durch Identifikation oder Abgrenzung.

Was Jesus als das höchste Gebot überlieferte: »Du sollst Gott über alle Dinge lieben und deinen Nächsten wie dich selbst«, kann als Lebenshaltung eingeübt werden, die wir unseren Enkeln vermitteln, denke ich. Ich bin bereit, Rechenschaft abzulegen für mein Tun, das ist das Erste. Wenn ich Gott über alle Dinge liebe, lasse ich immer wieder infrage stellen, woran ich mein Herz hänge. Und ich bin bereit, mit den Kindern darüber zu sprechen, was ich glaube, wer Gott für mich ist. Vor allem bin ich auch bereit, zu sagen, wo ich selbst zweifle und keine Antworten habe. Dann geht es mir um andere Menschen. Wenn der oder die andere, ebenso wie ich selbst, als Gottes Ebenbild angesehen werden, steht seine oder ihre Würde nicht infrage.

In unserer Gesellschaft gibt es gerade über die sogenannten sozialen Medien derart menschenverachtende Äußerungen, dass diese Botschaft wichtig ist für Kinder. Sie lernen sonst allzu früh, Menschen in Kategorien einzuteilen. Da können Großeltern ein gutes Korrektiv sein. Und schließlich kann ich mich auch selbst lieben mit meinen Fehlern, meinem Scheitern, meinen Mängeln. Wenn ich sehe, unter welchem Perfektionsdruck durch Influencer und Medien schon Kinder heute stehen, können Großeltern geradezu heilsam sein, wenn sie deutlich machen, dass alle Menschen schön und wertvoll sind, genau so, wie sie sind.

Neben der Gottes- und Menschenbeziehung geht es grundsätzlich vor allem um Verantwortung und Freiheit. Für mich sind beispielsweise die Zehn Gebote ein Grundraster von Regeln für ein gutes Zusammenleben. Sie sind nicht *Ver*bote, sondern *Ge*bote für ein Miteinander in Freiheit und Verantwortung. Kinder und Jugendliche mögen (ebenso wie Erwachsene!) gegen diese Regeln verstoßen, sie vielleicht in einer anderen Phase in ihrem Leben auch über Bord werfen. Aber doch bleiben sie tief verwurzelt. Wahrscheinlich ist Gelassenheit das richtige Stichwort, gerade, wenn Kinder ausbrechen aus den Wertehaltungen, die ihre Eltern ihnen mitgegeben haben. Denn ich bin überzeugt, diese Haltungen werden sie ein Leben lang begleiten und prägen.

Mehr als jede Generation zuvor wird die jetzt heranwachsende vor enorme ethische Entscheidungen gestellt sein. Das Individuum muss Stellung beziehen, wo alte Wertvorstellungen ihre Selbstverständlichkeit verloren haben. Ich denke an Fragen der Gentechnologie, der Fortpflanzungsmedizin, der Sterbehilfe, der Energiegewinnung. Deshalb brauchen Kinder klare eigene Wertvorstellungen, die ihnen helfen, eine Grundhaltung zu den drängenden Fragen und Themen zu finden, nicht auf sich selbst fixiert zu bleiben, sondern standhaft Position zu beziehen. Wie sang Bettina Wegner: »Menschen ohne Rückgrat haben wir schon genug.«

Wenn wir die Situation von Kindern im Land sehen, fällt auf, dass die einen fast allzu gut versorgt werden, die anderen vernachlässigt sind. Hier geht die Schere von Anfang an auseinander. Kinder arbeitsloser Eltern, Kinder mit Migrationshintergrund und Kinder Alleinerziehender sind besonders gefährdet, ins soziale Abseits zu geraten. Dabei dürfen die Eltern hier nicht pauschal diskriminiert werden. Kürzlich schrieb mir eine Mutter: »Ich bin alleinerziehend und arbeitslos, aber glauben Sie mir, ich tue alles, was ich kann, damit meine Kinder eine Zukunft haben!« Das hat mir imponiert. Allzu leicht werden Menschen in Kategorien gepresst, die Misstrauen erzeugen.

Kinder brauchen eine Umgebung voller Geborgenheit, Lust an Bildung, Hoffnung auf Zukunft und Wegweisung in dieses Leben hinein. Sie brauchen auch eine Kultur der Achtsamkeit, ein Hinschauen nicht nur von den Menschen ihrer Familie, sondern auch von uns allen. Und sie brauchen Netzwerke, in denen sie Halt finden. Gerade wenn die Ehe der Eltern scheitern sollte, wenn Paare auseinandergehen oder es auch nur Spannungen gibt, können Großeltern Kindern diese Geborgenheit, Verlässlichkeit bieten. Sie bleiben die Großeltern, auch wenn Eltern sich trennen. Sie sollten alles tun, den Kontakt zu halten und nicht über die Eltern zu richten. Und sie können die Eltern ermutigen, ihren Paarkonflikt nicht zulasten der Kinder auszutragen …

Kurzum: Wir als Großeltern sollten Kinder als individuelle Subjekte wahrnehmen. Und zwar von Anfang an. Früher hieß es, mit der Schule fange der Ernst des Lebens an. Heute wissen wir aus der Elementarpädagogik, dass das Sozialverhalten in den ersten drei Lebensjahren erlernt wird, das Lernverhalten in den nächsten drei Jahren bis zum Eintritt in die Schule. Ein Kind braucht Orientierung, Zuwendung, Förderung, und zwar lange bevor es in die Schule kommt. Und vor allem braucht es Vertrauen, Liebe, Anerkennung.

Auch das hat die jüngere Forschung erwiesen: Resilienz entwickelt sich in der frühen Kindheit. Meine Mutter meinte oft, weil sie eine so glückliche Kindheit und Jugend auf dem Land in Pommern verbracht habe, hätte sie all die schweren Kriegs- und Nachkriegszeiten bewältigen können. Ihr Empfinden ist inzwischen wissenschaftlich belegt. Versuchen wir also als Großeltern unseren Teil dazu beizutragen, dass Kinder Anerkennung erleben, indem wir sie ernst nehmen, ihre Erfolge würdigen und ihnen helfen, Scheitern als Teil der Lebenserfahrung anzunehmen. Das tun wir auch, indem wir schlicht offen sind für ihre Fragen, uns nicht hinter Tabus verschanzen und ehrlich sind in den Antworten – auch wenn wir selbst manchmal keine Antworten haben. Das sollten wir dann auch, wie gesagt, aussprechen. Auch Zweifel und offene Fragen brauchen einen Raum.

Ich denke, die Auseinandersetzungen der westdeutschen »68er« mit der älteren Generation wurden so heftig geführt, weil die Alten nicht bereit waren, sich fragen zu lassen, wie sie in der Zeit des Nationalsozialismus gelebt und gehandelt haben.

Das berühmt-berüchtigte »solange du deine Füße unter meinem Tisch hast« läutete das Ende jeder Debatte ein. Es bedeutet für uns Ältere ja auch die innere Freiheit, den eigenen Lebensweg durchaus kritisch im Rückblick zu beleuchten.

Dazu gehört, dass wir die Kinder fragen nach dem, was sie umtreibt, was ihnen wichtig ist. Ach ja, und auch dass wir sie um Rat fragen, gibt es. Gerade was die neuen Medien betrifft, wissen Kinder tatsächlich manchmal mehr als die Alten. Auch das kann die Beziehungen zwischen Großeltern und Enkeln bereichern.

Die Gesellschaft braucht die Alten

Ich gehöre zu den Babyboomern. Nie wurden in Deutschland so viele Kinder geboren wie zwischen Mitte der 50er- und Mitte der 60er-Jahre des 20. Jahrhunderts. Der Wirtschaftsaufschwung der Nachkriegsgesellschaft ermutigte zum Kinderkriegen.

Schon als ich jung war, waren wir zu viele. Die Hörsäle der Universitäten waren hoffnungslos überfüllt. Arbeitslosigkeit grassierte. Ein Pastoren-Ehepaar bekam in der Kirche gemeinsam nur eine Stelle. Also habe ich nach Studium und Vikariat ehrenamtlich gearbeitet. Dadurch war ausreichend Zeit für die vier Kinder. Meine erste Teilzeitstelle hatte ich mit 32, die erste volle mit 34. Mit sechzig konnte ich mit entsprechenden Abschlägen in Pension gehen, halte aber noch Gottesdienste und Vorträge, schreibe, engagiere mich ehrenamtlich und betreue meine sieben Enkel.

Ich weiß, ich bin privilegiert. Aber so eine Lebensarbeitskurve kann für alle sinnvoll sein, denke ich. Und ich finde gut, dass die jetzige Elterngeneration darüber nachdenkt, wie sich eine gute Work-Life-Balance arrangieren lässt. Frauen wollen nicht einfach über Jahre zur Kinderbetreuung zu Hause bleiben. Männer wollen nicht so viel arbeiten, dass sie das Aufwachsen ihrer Kinder verpassen. Und: Junge Leute brauchen flexible Arbeitszeiten und Absicherung, um Familien zu gründen. Ohne Kinder keine Rentenstabilität.

Neu ist in dieser Zeit, dass Fachkräfte fehlen. Wer gut ausgebildet ist, kann sich den Arbeitsplatz aussuchen. Daher ertönt jetzt der Ruf danach, Ältere teilweise im Berufsleben zu belassen. Das ist gut so, denn auch am Ende der Berufszeit gehen starre Modelle an der Lebensrealität vorbei. Bis siebzig voll arbeiten und dann von heute auf morgen Schluss – das tut Menschen nicht gut. Und Betrieben auch nicht. Ein langsames Abschmelzen der Arbeitszeit ist besser. Etwa von vierzig auf dreißig auf zwanzig Stunden. Oder von der Fünf- auf eine Vier-, dann eine Dreitagewoche. Klar mit entsprechenden finanziellen Einbußen. Da müssen Politik und Arbeitgeber endlich kreativer denken! Es braucht eine Balance beim Übergang in den Ruhestand, so kann auch die Erfahrung der Älteren lange genutzt werden.

Gleichzeitig sollten wir Älteren lernen, loszulassen. Bei leitenden Ämtern und Positionen, auch bei politischen Mandaten bin ich für klare Amtszeitbegrenzungen. Es geht darum, Verantwortung auf Zeit zu übernehmen. Das kenne ich auch: Du trittst ein Amt mit viel Engagement an, bringst dich ein, willst etwas verändern. Wer aber zu lange in einer Position ist, verliert Innovationskraft und Kreativität, einfach deshalb, weil Routine eintritt. Deshalb ist es sinnvoll, nach festgelegter Zeit eine Stufe zurückzutreten. Der Chef wird wieder Mitarbeiter, der Bundestagsabgeordnete wieder Lehrer – auch mit weniger Einkommen. Aber dafür können dann andere ihre Gaben in Führungspositionen einbringen.

Das schon genannte vierte Gebote »Du sollst Vater und Mutter ehren« zielte im Kontext, in dem es entstanden ist, weniger auf eine Gehorsamsforderung gegenüber den Eltern als auf Respekt und Würde der ältesten Generation. Unsere Generation wird einerseits gebraucht im Arbeitsleben. Aber auch im Ehrenamt. Ohne ehrenamtliches Engagement von Rentnern und Pensionärinnen an Tafeln, in Kirchenvorständen, Kleiderkammern etc. wäre es schlecht bestellt um den sozialen Frieden in unserem Land. Andererseits brauchen die Alten im Land Unterstützung und Respekt, wenn sie sich nicht mehr allein versorgen können, auf andere angewiesen sind. Enkel können dabei eine gute Rolle spielen. Ich habe den Eindruck, sie haben oft mehr Nachsicht und Geduld mit der Großelterngeneration als die eigenen Kinder.

Gleichzeitig zeigt die Großelterngeneration mehr Verständnis für Anliegen der Jungen zu haben, etwa der Klimaaktivisten, als die Elterngeneration. Sie unterstützen bewusst »Fridays for Future«, weil sie nachvollziehen können, welche Sorgen die Kinder umtreiben. Oder sie engagieren sich bei »Omas gegen rechts«, weil sie Verantwortung spüren, gegen neuen und demokratiegefährdenden Nationalismus anzutreten. Bei den Friedensdemonstrationen im Frühjahr 2023 habe ich in der Mehrzahl graue Häupter gesehen. Es sind die Alten, die für Abrüstung eintreten, weil sie aus den Erzählungen der eigenen Eltern nur allzu gut wissen, wie entsetzlich zerstörerisch Krieg wirkt. Das wird teilweise belächelt. Aber es ist eben auch die Generation, die noch Krieg oder die unmittelbaren Erzählungen von Krieg kennt.

Manchmal scheint mir, die Großeltern- und Enkelgeneration heute sind politisch wacher und aktiver als die Elterngeneration. In dieses Bild passt auch die Initiative »eure Welt e. V.« (www.eure-welt.ev.de). Aus Verantwortung für die

Welt unserer Nachkommen tun sich ältere Leute zusammen, um aktiv zu werden.

Beeindruckend ist das formuliert im »Manifest der Achtzigjährigen«. Dort heißt es: »*Unsere* Vorstellungen vom Krieg entstehen nicht aus den wirkmächtigen Bildern, die uns auf unseren kleinen und großen Bildschirmen aufgetischt werden. Sie tauchen, ob wir wollen oder nicht, auf aus unseren leibhaftigen Erinnerungen und können nicht Ruhe geben: Das Heulen der Sirenen, das die Bomben ankündigte, die Trümmer ein paar Häuser weiter, in denen wir bei Strafe nicht spielen durften wegen der Blindgänger und der Einsturzgefahr; die Bunker, in die wir beinah jede Nacht gebracht wurden und in denen wir dicht gedrängt beieinandersaßen; das Entsetzen, wenn nahebei eine Bombe niederging und der ganze Bunker wackelte; und die Finsternis, wenn das Licht erlosch und nur noch ein auf die Wand aufgetragenes Phosphorquadrat eine Illusion von Licht aufrechterhielt; die Sorge, ob das Haus, in dem wir wohnten, noch stand, wenn wir nach dem Bombenangriff aus dem Bunker ›nach Hause‹ gingen; das Kind, das sich in panischer Angst mit Händen und Füßen dagegen wehrte, die Gasmaske aufzuprobieren, und die Mutter, die nicht vermochte, ihrem Kind um seiner Sicherheit willen diese Gewalt anzutun; der Hunger, der wehtat; und die Rivalität der Geschwister um das karge Brot; die Frostbeulen, die juckten, aber nicht gekratzt werden durften, weil sie nicht heilten.

Unsere Erfahrung vom Kriegsgeschehen reicht über die Kindheitserlebnisse nicht hinaus, aber das genügt, um uns mit den getöteten, verwundeten und verängstigten Kindern in der Ukraine verbunden zu fühlen, und es macht es uns unmöglich, über ihre Leiden hinwegzusehen. Je länger dieser Krieg dauert, desto mehr wird ihr Leben von ihren Kriegserfahrungen beherrscht sein, sie werden, wie wir, Kriegskinder sein. Sie haben keine Stimme, um das Schweigen der Waffen und den Weg der Verhandlungen einzufordern. Wir tun das an ihrer statt, und wir tun es auch um unserer eigenen Angst vor einer nuklearen Eskalation willen, für die niemandes – wirklich niemandes – Vorstellungsvermögen reicht. Wie wir später erfuhren, gehörten wir auf die Seite der Angreifer in diesem verbrecherischen Krieg – und waren doch seine Opfer. Und wir mussten lernen, dass die Bombeneinschläge, vor denen wir uns so gefürchtet haben, dem Terrorregime des Hitlerfaschismus ein Ende setzten. Millionen Soldaten, US-amerikanische, sowjetische, britische, französische haben dabei ihr Leben gelassen. Mit dem *Widerspruch*, dass die, die uns bombardierten, zugleich unsere Befreier waren, mussten diejenigen unter uns, die sich zum Pazifismus bekannten, leben.«[26]

Die Sorge der Alten um die nachwachsenden Generationen kommt in unserer Zeit immer wieder eindrücklich zu Wort. In einem sehr bewegenden Beitrag zu Weihnachten 2022 hat Heribert Prantel in der *Süddeutschen Zeitung* geschrieben: *Was braucht das Kind, das Ängste um seinen Soldatenvater aussteht? Wie ist dem Kind zu helfen, das keinen Platz in der Klinik findet? Wie können wir verhindern, dass Kinder, die jetzt geboren werden, später über verdorrte Äcker in den Krieg ziehen müssen? Was bringt es, bei der Bewältigung der großen Krisen und Probleme das Kind in den Blick zu nehmen und nicht allgemein die Menschlichkeit, die Demokratie oder den Rechtsstaat? Ein Kind überzeugt nicht durch Argumente, es appelliert ans Herz; das ist seine einnehmende Macht. Darum ist Weihnachten das beliebteste aller Feste geworden. Und das ist der Grund, warum Verbrechen an Kindern zum Unverzeihlichsten gehören und die Täter größte Ächtung erfahren.*

Ein Kind ist entwaffnend. Entwaffnend! Das ist das Wort für die Weihnachtssehnsucht 2022. Die Weihnachtsgeschichte weckt diese kindliche Kraft auf, immer wieder. Sie ist eine Widerstandskraft gegen Gewalt. Sie konfrontiert mit der entwaffnenden Präsenz eines Kindes, mit seiner Schutzlosigkeit. Das weckt das Fürsorgliche auf, das Beste im Menschen; das macht friedlich.

Der Frieden liegt aber nicht als Geschenk unter dem Weihnachtsbaum, sodass man ihn nur auswickeln müsste. Man muss ihn entwickeln und dann einwickeln, ihn erarbeiten, ihn verhandeln, ihn erringen, so wie dies vor bald 375 Jahren im Westfälischen Frieden gelungen ist, der den »Krieg der Kriege«, den Dreißigjährigen, beendet hat. Der Krieg bringt den Frieden nicht, auch dem nicht, der ihn gewinnt. Frieden ist sehr viel mehr als die Abwesenheit von Krieg. Erst der Perspektivenwechsel bringt den Frieden: Die Welt muss kinderverträglich werden. Sie ist dann eine weihnachtliche Welt.[27]

Meine älteste Schwester, die seit vielen Jahren Geflüchtete aus Afghanistan, dem Iran und Syrien begleitet, erzählte mir folgende Geschichte: »Ich begleite aktuell einen jungen Afghanen, Habib, er steht jetzt kurz vor dem Fachabitur, und darauf sind wir beide sehr stolz. Zwischen zwei Abschlüssen hat er sich bei DHL mit Nachtdiensten Geld verdient und für den Führerschein angemeldet. Jetzt hatte er die ersten Fahrstunden, und der Fahrlehrer sei bald verrückt geworden, weil er sich total ungeschickt angestellt habe. Natürlich bin ich dann mit ihm zu einem Verkehrsübungsplatz gefahren. Ich staunte, wie ungeschickt er beim Lenken, vor allem beim Rückwärtsfahren war, und überlegte, ihm mal unseren Siku-Traktor anzubieten. Habib erzählte, dass er nie mit Autos gespielt habe, mit einer Playstation oder Ähnlichem, es wäre ja weit außerhalb des Horizonts eines Afghanen gewesen, jemals selbst Auto fahren zu können. In der nächsten Fahrstunde lief es schon viel besser, und der Fahrlehrer fragte augenzwinkernd, ob er heimlich geübt habe. Seine Antwort: ›Ich habe eine Großmutter, die war mit mir auf dem Übungsplatz!‹ Der Fahrerlehrer staunte, und ich habe mich köstlich amüsiert, dass ich seine Großmutter sein solle. Er erklärte mir, dass in seiner Kultur die Großmütter höher geschätzt würden als die Mütter, weil sie ja mehr Lebenserfahrung hätten, ganz einfach. Außerdem hätten sie mehr Zeit zum Geschichtenerzählen …«

Das finde ich ein wunderbares Beispiel für die Wertschätzung der Großelterngeneration, wie ich finde. Gleichzeitig erzählte mir meine Schwester, dass viele der Geflüchteten, die sie begleitet, fast nichts über die eigene Großelterngeneration wissen. Unsere Art, die Wurzeln zu suchen, ist ihnen fremd. In vielen Familien gibt es ja Ahnenforschung, den Versuch, die eigene Herkunft über einen Stammbaum möglichst weit zurückzuverfolgen. Einerseits finde ich das schön. Andererseits frage ich mich, was es mit denen macht, die das nicht können, etwa weil sie nach Deutschland geflohen oder ihre Eltern bzw. Großeltern hier eingewandert sind. Die Nationalsozialisten haben Ahnenforschung für ihre rassistische Politik missbraucht. Heute ist es ein großes Geschäft, etwa mittels DNA herauszufinden, woher man stammt.

Da liegt eine große Diskrepanz. Einerseits gibt es die schon genannten Kinder, die mit einer Samen- und Eispende gezeugt werden, ausgetragen von einer Leihmutter und aufgezogen von anderen Menschen. Andererseits wird Ahnenforschung betrieben. Ich denke, da ist wichtig: Jedes Kind ist ein Individuum und sollte als solches wahrgenommen werden.

Das Thema Herkunft ist mir immer wieder intensiv begegnet. Zum einen war ich Gast bei einer Veranstaltung der Körber-Stiftung in Hamburg. Im Vorfeld wurde mir ein Buch zugeschickt, das die Ergebnisse eines Projektes dokumentierte, bei dem Schulkinder aufgefordert waren, sich mit dem Leben ihrer russischen Großeltern zu beschäftigen. Diese Kinder haben zum ersten Mal nachgefragt, was ihre Großeltern in der Stalin-Ära erlebt haben. Die Zwangsmaßnahmen, mit denen Menschen beispielsweise ihre Rentierherden genommen wurden, sie ihr nomadisches Leben aufgeben mussten. Mich hat das sehr bewegt, vor allem auch, weil das Erstaunen, ja die Fassungslosigkeit der jungen Leute deutlich wurde. Sie hatten keine Ahnung gehabt, was ihre Großeltern erlebt hatten.

Dabei wissen wir heute, dass die Traumata der Eltern und Großeltern, vielleicht sogar der Urgroßeltern sich auf die Kinder übertragen. 2023 hat der Film *Liebe Angst* von Sandra Prechtel das für mich eindrücklich gezeigt. Das Mädchen Kim will endlich begreifen, was sein eigenes Leben so sehr belastet. Ihr Bruder Tom hat sich das Leben genommen, und ihre Mutter Lore will über nichts reden. Klar wird: Deren Mutter Marianne wurde nach Auschwitz deportiert. Sie selbst hat in einem Versteck in Berlin überlebt. Dass Lore nicht fähig war, ihr Trauma zu bewältigen, ihre Kinder zu lieben, wird im Film nachvollziehbar – ist aber abgrundtief traurig. Mir ist noch einmal deutlich geworden: Wir müssen reden, erzählen über die Generationsgrenzen hinweg. All das Schweigen macht es für die Jungen schwer, zu verstehen. Sie spüren die Belastungen, können aber nicht begreifen, woher sie rühren. Das Schweigen zu brechen, kann immens wehtun, aber auch neue Wege eröffnen.

Ja, es ist gut, die eigenen Wurzeln zu kennen, weil uns das beheimatet. Aber wo das nicht möglich ist, kann es doch auch Beheimatung im Hier und Jetzt geben, in der Gesellschaft, die wir über Generationen hinweg in diesem Land gestalten, in der Kirchengemeinde, zu der wir gehören. Ältere können auch ohne verwandtschaftliche Bezüge für Jüngere zu »Großeltern« werden, sie begleiten. Deshalb finde ich Großelternbörsen gut, die Vermittlung zwischen den Generationen. Gerade in Zeiten von »multilokalen Großfamilien«, in denen die eigenen Kinder und Enkel oft nicht vor Ort sind, oder auch für Menschen, die selbst keine Kinder und Enkel haben, kann das eine Bereicherung sein. Aber eben auch für die jungen Familien, denen Erfahrung und Begleitung der Älteren guttun.

Deshalb müsste es viel mehr Angebote geben, den Erfahrungsschatz von Großeltern zu nutzen. In der Hannoverschen Landeskirche gibt es eine Initiative, die ältere Menschen zu Bibelerzählerinnen und -erzählern ausbildet. Vielen von ihnen sind die alten Geschichten noch vertraut, und sie können sie Kindern in der Kita oder auch im Kindergottesdienst weitererzählen.[28]

Auch Angebote sind sinnvoll, bei denen Großeltern und Enkelkinder etwas gemeinsam erleben können. So gibt es im

Bistum Münster das Angebot für Großeltern, mit ihren Enkelkindern im Vorschul- und Grundschulalter gemeinsam an Wallfahrten teilzunehmen.[29] Sie gehen einen Weg zusammen, haben Zeit, miteinander zu sprechen, erleben unterwegs etwas, »das mit dem Leben und Gott zu tun hat«. Eine schöne Idee, finde ich. Davon könnte es noch viel mehr geben. Denn Großeltern verbringen gern Zeit mit den Enkelkindern und nehmen solche Möglichkeiten sicher gern wahr. Die katholische Kirche feiert auf Anregung von Papst Franziskus inzwischen am 24. Juli den »Welttag für Großeltern«. Jährlich sollen am vierten Sonntag im Juli in Anlehnung an die Großeltern Jesu, Anna und Joachim, alle Großeltern besonders gewürdigt werden. Auch wenn mir als Protestantin Heiligenverehrung eher fremd ist, finde ich die Idee grundsätzlich gut.

Kostbare Zeit, die endlich ist

Je älter wir werden, desto bewusster wird uns die Kostbarkeit der Lebenszeit insgesamt. Denn uns ist klar, dass wir den Großteil des Lebens hinter uns haben. Wir sehen gerade auch an den Enkeln, wie schnell die Zeit verfliegt. Das klingt lapidar, ist aber eine sehr konkrete Erfahrung! In Psalm 90 der Bibel heißt es: »Unser Leben währet siebzig Jahre, und wenn's hochkommt, so sind's achtzig Jahre, und was daran köstlich scheint, ist doch nur vergebliche Mühe; denn es fähret schnell dahin, als flögen wir davon. Wer glaubt's aber, dass du so sehr zürnest, und wer fürchtet sich vor dir in deinem Grimm? Lehre uns bedenken, dass wir sterben müssen, auf dass wir klug werden.« (Verse 10–12)

Wer Enkelkinder erleben darf, kann der eigenen Endlichkeit nicht ausweichen, das eine hängt mit dem anderen zusammen. Ganz gleich, ob wir in den 40er-, 50er- oder in den 70er- oder 80er-Jahren unseres Lebens sind: Als Großeltern sind wir jetzt »die Alten«. Vielen fällt es schwer, das zu akzeptieren. Denn unsere Zeit ist geprägt davon, dass jung sein mit wertvoll gleichgesetzt wird.

Es hat sich ja auch viel geändert. Beispielsweise in der Kleidung. Siebzigjährige tragen modische Kleidung und fühlen sich wohl dabei. Kürzlich sagte in einem Fernsehbeitrag eine junge Frau, sie fände einen solchen Aufzug bei Alten peinlich.

Warum eigentlich? Ich finde gut, dass wir Alten nicht in Muster gezwängt werden. Als ich mit 16 zum Schüleraustausch in die USA kam, hat mich fasziniert, wie bunt die Kleidung älterer Frauen war. Quietschgelbe Kleider, hellgrüne Hosen – das kannte ich aus Deutschland nicht. Da galt eher: dezent, beige und grau für die Alten. In anderen Kulturen gilt das nicht nur für Großmütter, sondern schon für Mütter. Während des Krieges im ehemaligen Jugoslawien hatten wir mit vier Familien gebürgt, damit eine bosnische Familie in Deutschland einreisen durfte. Sie haben sich schnell integriert, die Frau bekam in Sicherheit ihr viertes Kind. Wir vier jungen Frauen wollten ihr danach etwas Gutes gönnen und sagten, wir würden ihr gern zur Geburt einen Besuch beim Friseur und einen Einkaufsbummel schenken. Da meinte sie, das sei nicht nötig. Sie habe jetzt abgeschlossen mit allem Äußeren, sie sei nur noch Mutter. Das fand ich traurig.

Wenn wir Großeltern werden, wird uns auf jeden Fall bewusst, dass wir die Generation sind, die – wenn nicht Unfall und Krankheit die Jüngeren ereilt – als nächste abtreten wird. Gerade weil ich Enkel habe, schreckt mich der Gedanke nicht wirklich. Damit will ich nicht sagen, das Leben sei nur mit Enkeln sinnvoll. Als ich einem ehemaligen Kollegen kürzlich am Telefon begeistert von ihnen erzählte, sagte der ziemlich schroff, ich solle gefälligst nicht so angeben. Das hat mich ausgebremst. Angeben wollte ich nicht, nur meine Freude teilen an diesen Kindern. Aber mir wurde klar, dass es wehtun kann, keine Enkel zu haben. Alice Schwarzer hat einmal gesagt, Enkel hätte sie gern, aber Kinder habe sie nie gewollt. Aber ohne Kinder gibt es eben auch kein Enkelglück.

Parallel dazu erlebe ich, wie schnell Großeltern miteinander in ein gutes Gespräch kommen. Nach einer Friedenskundgebung in Bonn lud mich der Organisator mit seiner Frau in eine Pizzeria ein. Wir kannten uns vorher nicht, aber über die Enkelerfahrung war unmittelbar eine Verbindung da, gegenseitige Sympathie durch ähnliche Erlebnisse und Wahrnehmungen. Dazu gehören auch die Erfahrungen von Spannungen und Konflikten, über die sich unter Großeltern vertrauensvoll gut austauschen lässt. Vor allem aber geht es um das Glück, das angesichts dieser Kinder und der Zuneigung, die sie in uns auslösen, empfunden wird.

Mein christlicher Glaube ist geprägt von der Hoffnung, dass der Tod nicht das letzte Wort hat. Wie die Zukunft Gottes aussehen wird, weiß ich nicht. Aber ich vertraue darauf: »Gott wird abwischen alle Tränen von ihren Augen, und der Tod wird nicht mehr sein, noch Leid noch Geschrei noch Schmerz wird mehr sein; denn das Erste ist vergangen.« (Offb. 21,4) Eine wunderbare, hoffnungsvolle Vision. Ich brauche als Auferstehungshoffnung keine Cloud, in der meine Hirnströme gespeichert werden, wie es im Silicon Valley jetzt erforscht wird. Ich kann gut gehen und mein Leben hinter mir lassen.

Vor zwanzig Jahren (2003) starb die Theologin Dorothee Sölle. Ich habe sie bewundert. Sie war eine mutige Frau, hat politisch wacker Stellung bezogen und wunderbare Poesie hinterlassen. Gerade ihre Poesie rührt mich, weil ich selbst für Poesie nicht so recht eine Begabung habe. Da viele Menschen sich an Dorothee ausschließlich als politische Theologin erinnern, möchte ich eines ihrer Gedichte, das sie für ihre drei Töchter schrieb, weitergeben. Es hat mich bewegt mit Blick auf die Zimmer meiner Töchter, aber auch meiner Enkel. Es steckt ein Augenzwinkern darin, aber auch ein tiefer Ernst:

Bitte lasst eure zimmer nicht verkommen

Wenn eure zimmer hässlich sind
werdet ihr euch selber nicht lieb und wert halten

wenn ihr euch selber nicht ehrt
werden eure gedanken ohne spannkraft sein

wenn eure gedanken nichts anzielen,
werden eure bewegungen ungenau
wenn eure bewegungen fahrig sind
wird eure haut nichts von den blumen lernen

Wenn eure haut nichts von den blumen lernt
wird euer herz wüst und leer sein
Wenn euer herz gleichgültig ist,
bleibt ihr unvertraut mit dem schönen
wenn ihr ohne Vertrauen lebt
könnt ihr die hälfte des himmels nicht tragen
wenn ihr die hälfte des himmels nicht tragt
könnt ihr über eure alte mutter nicht lachen
Bitte lasst eure zimmer nicht verkommen.[30]

Die Trauerfeier für Dorothee Sölle hielt Bischöfin Bärbel Wartenberg-Potter mit warmherzigen Worten. Von allen Geistlichen der Evangelischen Kirchen in Deutschland waren ausschließlich die drei Frauen im bischöflichen Amt anwesend, Bärbel Wartenberg-Potter, Maria Jepsen und ich. Zeit ihres Lebens blieb Dorothee Sölle eine Anfechtung für die offizielle Kirche, für männliches leitendes geistliches Amt.

Was mir aber immer in Erinnerung bleiben wird: Die Trauerfeier war gesetzt, würdig, sogar Heiterkeit kam in liebevollem Gedenken auf. Als der Sarg aus der Kirche hinausgetragen wurde, ging an der Hand ihrer Mutter die etwa fünfjährige Enkeltochter schluchzend hinterher. Sie weinte so herzergreifend um ihre Omi Dorothee, dass allen, die bis hierher gefasst die Trauerfeier besucht hatten, die Tränen kamen. Dieses Kind weinte nicht um eine große Theologin. Sie weinte um die Großmutter, die sie ganz offensichtlich zutiefst und von Herzen geliebt hat. Was für eine Spur hat Dorothee Sölle da hinterlassen über all ihre großartigen theologischen Texte hinaus!

Immer wieder erzählen Menschen davon, wie ihre Großeltern sie geprägt haben. Meine beiden Großväter habe ich wie gesagt nie kennengelernt. Der Großvater mütterlicherseits wurde 1945 nach Sibirien verschleppt und verstarb auf dem Transport. Meine Großmutter hielt ihn in liebevoller Erinnerung. Er war doppelt so alt wie sie, als sie ihn mit 18 heiratete. Meine Mutter erzählte, wie er als Gutsverwalter frühmorgens über die Felder ritt und die Arbeiter für den Tag einteilte. Wie er die Landwirtschaft liebte, den Hof, die Tiere und auch seine Kinder. Wie er mit dem jüngsten Sohn für die

Schule übte. Aber er blieb trotz der Erzählungen ein fremdes Wesen für mich.

Der andere Großvater kam bei einem Bombenangriff auf Hagen ums Leben. Mein Vater erzählte wenig von ihm. Einmal waren wir an seinem Grab in Hagen, daran erinnere ich mich. Als Bild habe ich einen Soldaten aus dem Ersten Weltkrieg vor mir. Aber er war Automechaniker, sicher einer der ersten am Ort. Von ihm hat mein Vater die Liebe zu Autos übernommen.

Was es bedeutet, einen Großvater zu haben, habe ich also nicht erlebt. Aber ich stelle es mir wunderbar vor – wenn der Großvater nicht gerade ein rechthaberischer Griesgram ist.

Meine Großmutter väterlicherseits starb, als ich fünf Jahre alt war. Ich habe fast keine Erinnerung an sie. Nur, dass sie bei uns im Haus im Bett lag und eine Klingel am Nachttisch hatte, mit der sie jederzeit Hilfe herbeirufen konnte. Diese Klingel hat mich fasziniert. Sie hing noch lange nach ihrem Tod dort, auch als die Kabel längst durchtrennt waren. Bei ihrer Beerdigung war ich bewusst dabei und legte, so wurde es später erzählt, Wert darauf, ganz allein am Grab das Vaterunser zu sprechen, obwohl das den anderen offenbar allzu lange dauerte.

Erst viele Jahre später habe ich begriffen, wie das wohl für sie war: Der Mann ums Leben gekommen. Der Sohn irgendwo im Krieg, ohne Nachricht von ihm. Und die Tochter starb, als beide zum Schwiegersohn nach Allendorf fahren wollten, raus aus dem bombardierten Hagen. Ihre Tochter, meine Tante Tilly, so wurde es mir erzählt, lief noch einmal ins Haus, als alles schon gepackt war. In dem Moment fiel eine Bombe, und sie überlebte nicht. Ganz allein kam Oma Matilde also in Allendorf an, in der Hoffnung, dass ihr Sohn noch lebte. Als er in amerikanischer Kriegsgefangenschaft auftauchte, muss sie überglücklich gewesen sein. Wenn ich heute noch höre, wie gelästert wurde, dass sie unbedingt »gute Butter« für ihren Sohn, meinen Vater, abzweigen wollte, tut sie mir leid. Denn ich kann das nachvollziehen. Der Sohn war alles, was ihr geblieben war von ihrem früheren Leben. Ihrer Schwiegertochter, meiner Mutter, hat sie es offenbar nicht leicht gemacht. Aber auch das, denke ich, gehört zur Normalität in Familienkonstellationen. Ob sie sich über die drei Enkeltöchter gefreut hat? Ich weiß es nicht, aber ich hoffe es.

Allein die Mutter meiner Mutter, unsere »Omi«, war sehr präsent in meiner Kindheit, das habe ich bereits mehrfach erwähnt. Ihre beiden Töchter wohnten vor Ort, dort waren wir sechs Enkelkinder. Ein Sohn mit zwei weiteren Enkeln wohnte in Wiesbaden, ein anderer mit drei ihrer Enkel in Kanada. Elf Enkelkinder – und das nach all dem Grauen des Krieges, nach dem Verlust der Heimat. Omis Erzählungen »von früher«, die Lieder, die sie gesungen hat, aber auch ihre Regeln und Rituale waren sehr präsent. Sie gehörte bis zu ihrem Tod der Selbstständigen Lutherischen Kirche (SELK) an. Diese lehnt – in Teilen bis heute – die Frauenordination ab. Als ich 1985 zur Pfarrerin ordiniert wurde und es wohl ein gewisses Grummeln in Teilen der Familie gab, sagte meine Omi: »Wem der liebe Gott ein Amt gibt, dem gibt er auch die Kraft, es auszufüllen.« Das sind Sätze, die ein Leben prägen, nicht vergessen werden. Ich habe viel und oft von ihr erzählt.

1987 habe ich als Pfarrerin die Trauerfeier für sie gestaltet. Wir haben im großen Familienkreis von ihr Abschied genommen. Was sie mir bedeutet hat, ist mir eigentlich erst klar geworden, als meine Kinder älter wurden und, in besonderer

Weise, als ich selbst Großmutter wurde. Auch ihretwegen wollte ich gern »Omi« genannt werden.

In Vers 10 von Psalm 90 heißt es: »Unser Leben währet siebzig Jahre und wenn's hochkommt, so sind's achtzig Jahre, und was daran köstlich scheint, ist doch nur vergebliche Mühe; denn es fährt schnell dahin, als flögen wir davon.«

Ich bin jetzt 65 und weiß nicht, ob mein Leben siebzig Jahre währen wird oder achtzig, vielleicht auch mehr. Vieles daran war mir köstlich. Manche Augenblicke sind im Rückblick sehr präsent, manchmal ist die Zeit wie im Flug vergangen. Darin hat der Psalmbeter schon vor fast 3000 Jahren auf jeden Fall recht gehabt: Je älter wir werden, desto klarer ist uns, dass das Leben schnell vergeht, ja, als flögen wir davon. Ein gutes Bild. Wer Enkel hat, wird die Spur des Lebens sehen.

Mir liegen meine Enkelkinder sehr am Herzen. Ich bin nicht täglich mit ihnen zusammen, aber oft. Und ich hoffe, sie werden sich eines Tages gern und bewusst an mich erinnern. Deshalb bin ich froh, in ihrem Leben noch präsent sein zu können.

Ich wünsche mir eine Trauerfeier, in der sie vielleicht traurig sind, aber auch heiter, weil sie sich an viele gemeinsame schöne, lustige Stunden erinnern. An das gemeinsame Spielen, Lachen, Erleben.

Kurz vor ihrem Tod schrieb mir die Theologin und Politikerin Antje Vollmer, sie beobachte nun in den letzten Tagen (gut palliativ versorgt) vor allem ihre Enkel und die Vögel. Und sie fühle sich innerlich völlig frei. Für mich passte das wunderbar zusammen: Wir hinterlassen Wurzeln und fühlen uns, als flögen wir davon …

© Julia Baumgart Photography

Vita

Margot Käßmann, Jahrgang 1958, ist eine der bekanntesten kirchlichen Persönlichkeiten Deutschlands. In und nach ihrer Zeit als Hannoversche Landesbischöfin und Ratsvorsitzende der Evangelischen Kirche in Deutschland gewann sie mit ihrer offenen und geradlinigen Art die Wertschätzung und Sympathien vieler Menschen. Sie ist Mutter von vier erwachsenen Töchtern und Großmutter von sieben Enkelkindern.

www.margotkaessmann.de

Quellenverzeichnis

1 Vgl. Juliane Haubold-Stolle, Oma ist die Beste. Eine Kulturgeschichte der Oma, Berlin 2016, S. 17.
2 Vgl. ebd. S. 12.
3 Ebd. S. 130.
4 © Rachel Naomi Remen, Aus Liebe zum Leben, Arbor Verlag, Freiburg, 6. durchgesehene Auflage, 2015, www.arbor-verlag.de
5 Vgl. Juliane Haubold-Stolle, Oma ist die Beste. Eine Kulturgeschichte der Oma, Berlin 2016, S. 35.
6 Julius Sturm (1816–1896)
7 Siehe Christian Seidl, Geld oder Enkel!, in: Berliner Zeitung, 20. Mai 2022.
8 Vgl. Juliane Haubold-Stolle, Oma ist die Beste. Eine Kulturgeschichte der Oma, Berlin 2016, S. 98 f.
9 Christoph Gödan, Die großen Mütter. Leben mit Aids in Afrika, mandelbaum verlag, 2012.
10 Freundin Redaktion, 11 Dinge, die Großeltern niemals tun sollten, 17. Oktober 2021. / https://www.freundin.de/lifestyle-dinge-grosseltern-niemals-tun-sollten. Abdruck mit freundlicher Genehmigung der Redaktion.
11 Text: Maria Ferschl (1895–1982), Melodie: Heinrich von Rohr (1902–1997) © Herder Verlag, Freiburg im Breisgau.
12 Anna Ritter (1865–1921)
13 *Elke Strauchenbruch, in: dies., Luthers Weihnachten, Lutherische Verlagsanstalt, Leipzig 2011.*
14 Hermann Gunkel, Genesis, Tübingen 1917, S. VIII.
15 Hermann Gunkel, Das Märchen im Alten Testament, Tübingen 1917, S. 9.
16 Kinder- und Hausmärchen, Jacob Grimm, Wilhelm Grimm (Brüder Grimm), 1812–1815, KHM 78.
17 Rose Ausländer, Helmut Braun (Hrsg.), Gesammelte Werke / Ich höre das Herz des Oleanders, Gedichte 1977–1979, © 1984 S. Fischer Verlag GmbH, Frankfurt am Main.
18 Marie von Ebner-Eschenbach (1830–1916)

19 aus: Wilhelm Willms, roter faden glück, lichtblicke.
© 1974 Verlag Butzon & Bercker, Kevelaer, 5. Aufl. 1988, 3.2

20 Margot und Lea Käßmann, Du gibst immer auf mich acht.
Mit Kindern beten, München 2019, S. 8.

21 Ebd. S. 25.

22 Tanz den Blättertanz, Text und Musik: Stephen Janetzko. © Edition SEEBÄR-Musik Stephen Janetzko, www.kinderliederhits.de

23 aus: Vergiß es nie (Du bist Du), hier 1. Strophe Text und Musik: Paul Janz, dt. Text: Jürgen Werth. © 1976 New Sring Publishing; D,A,CH adm by Small Stone Media Germany.

24 Vgl. Andreas Mertin, Von Mänteln, Pazifisten und unerbetenen Heilungen, in: www.theomag.de/140/am775.htm

25 Hans-Ruedi Weber, Jesus und die Kinder [aus d. Engl. übers. von Helga und Geiko Müller-Fahrenholz], Berlin, Evangelische Verlagsanstalt, Hamburg 1980.

26 Prof. Dr. Marianne Gronemeyer / Prof. Dr. Reimer Gronemeyer, Manifest der Achtzigjährigen. Abdruck mit freundlicher Genehmigung der Autor*innen. Siehe: https://chng.it/6xVncXDc

27 Heribert Prantl, Ein Kind, in: Süddeutsche Zeitung, 24. Dezember 2022.

28 Weitere Informationen: https://www.kirchliche-dienste.de/arbeitsfelder/seniorinnen-und-senioren/wir-fuer-sie

29 Angebote auf der Homepage bistum-muenster.de

30 Dorothee Sölle, Für meine drei Töchter, in: Verrückt nach Licht, Gedichte, Berlin 1984. © Wolfgang Fietkau Verlag.

Für Margot Käßmann und ihre Tochter Lea Käßmann, Mutter zweier Söhne, ist es ein absolutes Herzensprojekt, gemeinsam Kinderbücher zu entwickeln und zu schreiben.

Margot Käßmann und ihre Tochter Lea Käßmann haben über 100 ihrer liebsten Kinderlieder ausgewählt. Mit Noten und einfachen Akkorden zur Begleitung mit Gitarre und Klavier.

Hardcover mit Veredelung · 21 × 28 cm
144 Seiten, durchgehend farbig
Illustriert von Melanie Brockamp
ISBN 978-3-96340-127-5
€ [D] 22,– · € [A] 22,70

Kindern ab 4 Jahren spielerisch den Glauben vermitteln

Dieses Kindergebetbuch beinhaltet neu formulierte, aber auch traditionelle Gebete: Tischgebete, Dankgebete, Morgen- und Abendgebete, Gute-Nacht-Gebete und Gebete bei Sorgen.

Hardcover · 17 × 24 cm
80 Seiten, durchgehend farbig
Illustriert von Melanie Brockamp
ISBN 978-3-96340-090-2
€ [D] 12,– · € [A] 12,40

Kinder abends zu Bett zu bringen, ist ein besonderer Moment. Margot und Lea Käßmann haben dafür passende Geschichten, Gedichte, Gebete, Lieder und Segensworte zusammengestellt.

Hardcover · 17 × 24 cm
80 Seiten, durchgehend farbig
Illustriert von Melanie Brockamp
ISBN 978-3-96340-144-2
€ [D] 12,– · € [A] 12,40

Margot Käßmann erzählt biblische Geschichten

Hardcover · 22 × 25 cm
32 Seiten, durchgehend farbig
Illustriert von Stefanie Scharnberg
ISBN 978-3-96340-091-9
€ [D] 15,– · € [A] 15,50

Hardcover · 22 × 25 cm
32 Seiten, durchgehend farbig
Illustriert von Stefanie Scharnberg
ISBN 978-3-96340-121-3
€ [D] 15,– · € [A] 15,50

Hardcover · 22 × 25 cm
32 Seiten, durchgehend farbig
Illustriert von Stefanie Scharnberg
ISBN 978-3-96340-218-0
€ [D] 15,– · € [A] 15,50

Hardcover · 22 × 25 cm
32 Seiten, durchgehend farbig
Illustriert von Stefanie Scharnberg
ISBN 978-3-96340-177-0
€ [D] 15,– · € [A] 15,50

Für Kinder ab 5 Jahren

Hardcover · 22 × 25 cm
32 Seiten, durchgehend farbig
Illustriert von Stefanie Scharnberg
ISBN 978-3-96340-219-7
€ [D] 15,– · € [A] 15,50

Hardcover · 22 × 25 cm
32 Seiten, durchgehend farbig
Illustriert von Stefanie Scharnberg
ISBN 978-3-96340-131-2
€ [D] 15,– · € [A] 15,50

Hardcover · 22 × 25 cm
32 Seiten, durchgehend farbig
Illustriert von Stefanie Scharnberg
ISBN 978-3-96340-126-8
€ [D] 15,– · € [A] 15,50

Hardcover · 22 × 25 cm
32 Seiten, durchgehend farbig
Illustriert von Stefanie Scharnberg
ISBN 978-3-96340-190-9
€ [D] 15,– · € [A] 15,50

Besuchen Sie uns im Internet:
www.bene-verlag.de

MIX
Papier | Fördert gute Waldnutzung
FSC® C014496

Originalausgabe September 2023

Ein Imprint der Verlagsgruppe
Droemer Knaur GmbH & Co. KG, München.

Lektorat: Stefan Wiesner
Gestaltung: Maike Michel
Coverfoto: Julia Baumgart
Druck und Bindung: GGP Media GmbH, Pößneck
ISBN 978-3-96340-258-6

5 4